Gabriel Berger

Wieder sind die Juden an allem schuld!

Der Antisemitismus ist ein Mangel an Kultur und Menschlichkeit, etwas, was im Gegensatz zu Theorie und Wissenschaft steht. Davon hat sich jeder überzeugt, der Gelegenheit hatte, mit einem Antisemiten eine jener hoffnungslosen Diskussionen zu führen, die immer dem Versuch ähneln, einem Tier das Sprechen beizubringen.

Leszek Kołakowski[1]

---

1 Leszek Kołakowski (1927-2009) gilt als der prominenteste polnische Philosoph des zwanzigsten Jahrhunderts.

Gabriel Berger

Wieder sind die Juden an allem schuld!

Schlagabtausch im Internet über Juden und Israel

Die hier zitierten Texte sind authentisch. Die in ihnen enthaltenen grammatikalischen und Rechtschreibfehler sind deshalb nicht korrigiert worden. Die Texte entstammen einer Internet-Diskussion aus dem Jahr 2008. Mit Ausnahme des Namens des Autors dieser Veröffentlichung Gabriel Berger sind die Namen der Verfasser der Texte geändert worden.

Der zeitliche Abstand zu der Diskussion mindert nicht ihre Aktualität. Denn der europäische Antisemitismus ist nach dem Holocaust, im politischen Spektrum von rechts bis links Generationen übergreifend geistig mit dem Nationalsozialismus verbunden. Das belegen in eindringlicher Weise die hier publizierten, zuweilen exzessiv ausufernden, judenfeindlichen Äußerungen.

Bibliografische Information der Deutschen Nationalbibliothek: Die Deutsche Nationalbibliothek verzeichnet diese Publikation in der Deutschen Nationalbibliografie; detaillierte bibliografische Daten sind im Internet über dnb.dnb.de abrufbar.

Textlayout: Gabriel Berger
Einbandgestaltung: Gabriel Berger
Herstellung und Verlag: BoD – Book on Demand,Norderstedt
© 2019 Gabriel Berger
ISBN: 978-3-748172-22-2

Inhalt

Eine Botschaft aus dem Internet

Wir leben im Zeitalter des Internets und genießen es, dass die ganze Welt auf ein Dorf zusammengeschrumpft ist. Mühelos begegnen wir im Internet Menschen aus allen Ländern und Kontinenten, können mit ihnen einen banalen, intellektuellen oder auch erotischen Austausch pflegen. Ein Nachteil dieser virtuellen Kontakte ist ihre Anonymität und damit Unverbindlichkeit. Es ist aber zugleich ihr Vorteil, denn die Anonymität fördert die Offenheit. Solange ich dem Austauschpartner nicht als reale Person bekannt bin, muss ich keine Scheu haben, mich ihm zu öffnen und ihm vielleicht auch Gedanken und Gefühle zu zeigen, die in der "realen Welt" einem Tabu oder juristischem Verbot unterworfen sein würden. Das Internet ist somit eine Plattform der fast schrankenlosen Freiheit, die ihre Grenzen dort hat, wo die ausgetauschten Gedanken den virtuellen Raum verlassen und in der realen Welt konkrete Taten oder Untaten initiieren. Diese Beschränkung gilt aber ebenso für jede Kommunikationsplattform. Das Internet verhält sich gegenüber den in ihm übertragenen Inhalten neutral, sie können gut oder böse, banal oder geistreich, aufbauend oder zerstörend, friedfertig oder aggressiv, rechtskonform oder verbrecherisch sein. Ein passiver Überträger der Botschaft ist nicht für ihren Inhalt verantwortlich, ebenso wenig das Internet.

Seitdem ich diese Gedanken im Jahre 2008 niedergeschrieben habe, hat sich die Internet-Kommunikation rasant weiterentwickelt. Es ist heute nicht Email die hauptsächliche Austauschform, vielmehr sind es die sozialen Medien: Facebook, WhatsApp, Instagram, YouTube ist deren unvollständige Liste. Eine Flut von Texten, Bildern, Videos schwappt über den Globus, weitgehend unkontrolliert und unzensiert. Das Internet ist, abgesehen von autoritären und diktatorischen Staaten, weltweit offen, was neben immensen Vorteilen auch seine Tücken hat. Denn es lauern darin nicht nur

Hacker, kriminelle Datendiebe, Lügner, Betrüger und penetrante Verkäufer. Es ist auch eine ideale Plattform für zwanghafte Graphomanen und Welterlöser jeder Schattierung, die ihre konfusen Elaborate und Heilsbotschaften weltweit verstreuen und ungefragt hunderten oder gar zig tausenden Empfängern zustellen.

So geriet ich eines Tages, ohne zu wissen wie, in das Mailingnetz des evangelikalen Seelenfischers Dr. Jürgen Sänger[2]. Ich erhielt von ihm eine Mail folgenden Inhaltes:

20.02.2008

Sehr geehrter Herr Berger,

Die Evolutionstheorie beruht auf Hypothesen, die experimentell nicht belegt wurden.

Meines Wissens gibt es keine plausiblen evolutionstheoretischen Erklärungen für

- *die Entstehung der Naturgesetze,*

- *die Einheit der Natur,*

- *das anthropische Prinzip[3],*

- *die Feinabstimmung des Kosmos,*

- *die Entstehung von Kohlenstoff,*

- *die abiotische[4] Entstehung von Biopolymeren,*

---

2 Namen sind hier geändert, Texte aber authentisch und weder inhaltlich noch orthographisch und grammatikalisch korrigiert.

3 Das anthropische Prinzip (von griechisch *anthropos* Mensch), kurz AP, besagt, dass das beobachtbare Universum nur deshalb beobachtbar ist, weil es alle Eigenschaften hat, die dem Beobachter ein Leben ermöglichen. Wäre es nicht für die Entwicklung bewusstseinsfähigen Lebens geeignet, so wäre auch niemand da, der es beschreiben könnte. (Wikipedia)

4 Das Adjektiv abiotisch (altgriechisch, a-, un- und bíos Leben = „leblos", „ohne Leben") bezeichnet Vorgänge und

—   die abiotische Entstehung genetischer Information,

—   die abiotische Entstehung einer Urzelle,

—   die Entstehung von biologischen Formen,

—   die Entstehung komplexer Organe.

Diese Liste ließe sich verlängern. Die Einstellung "igno-ramus et non ignorabimus"[5] halte ich nicht für befrie-digend. Menschliche Intelligenz reicht augenscheinlich für die Herstellung genetischer Information nicht aus.

Mit freundlichen Grüßen

Dr. Jürgen Sänger

PS: Kopien an Laien und Theologen

Woher der ominöse Dr. Jürgen Sänger meine E-Mail-Adresse hatte und dazu noch meinen Namen kannte, wusste ich nicht. Ich hätte das verquaste Elaborat schlicht dem Papierkorb übereignen können, aber als Physiker fühlte ich mich herausgefordert, Dr. Sängers kreationistisches Weltbild zurückzuweisen, umso mehr, als er sich selbst als Naturwissenschaftler etikettierte und dennoch, wie es sich später zeigte, die Bibel als die einzige Quelle der Erklärung für die Entstehung des Lebens in seiner ganzen Vielfalt zuließ. Seine vermeintliche Kompetenz in Sachen Naturwissenschaft pflegte Dr. Sänger mit gelehrt klingenden Fremdworten unter Beweis zu stellen, die umso überzeugender wirken sollten, je unbekannter sie selbst naturwissenschaftlich gebildeten Menschen waren. Damit konnte er mir aber keine Ehrfurcht entlocken.

Also schrieb ich:

Zustände, gelegentlich auch Gegenstände, an denen Lebewesen nicht beteiligt sind. (Wikipedia)

5   Lateinisch: „Wir wissen es nicht und wir werden es niemals wissen"

20.02.2008

Lieber Herr Dr. Sänger,

zwar bin ich selbst nicht gläubig, aber ich entstamme einer jüdischen Familie. Und da ist mir unter anderen die folgende Weisheit auf den Weg gegeben worden:

Wie Sie wissen, warten die Juden auf den Messias, der sie, aber auch die gesamte Menschheit, von allen Leiden befreien und erlösen soll. Zugleich sollen alle toten Juden auferstehen.

Es gab vor zweitausend Jahren eine mit dem Warten auf ein so kosmisches Ereignis überforderte jüdische Sekte, die deshalb beschlossen hatte, dass ihr Messias schon gekommen sei. Er hieß Jesus. Die anderen Juden haben geduldig zweitausend Jahre gewartet und sie werden, wenn Gott die Güte hat die Judenheit so lange zu erhalten, weitere zweitausend Jahre auf ihren Messias warten. Die Christen haben schlicht das Warten verlernt. Dafür liefern auch Sie heute ein beredtes Zeugnis, wenn Sie nach einer, in historischen Dimensionen betrachtet, sehr kurzen Zeit der Existenz der Entwicklungslehre und einer noch viel kürzeren Zeit der Genetik erwarten, dass alle Rätsel der Natur von diesen Wissenschaftsgebieten schon heute gelöst sein müssten, sie andernfalls auf den Müllhaufen der Forschungsgeschichte gehören. Das ist sicher ein bisschen voreilig und zu einfach gedacht.

Vielleicht sollten Sie sich mal, wie die Juden, in Geduld üben.

Mit freundlichen Grüßen

Gabriel Berger

Vermutlich war es falsch, auf die Mail überhaupt zu reagieren, denn erfahrungsgemäß sind Menschen, die einer Welterlösungsidee verfallen sind, sei sie christlich, islamisch oder kommunistisch mit keinen Argumenten vom Gegenteil zu überzeugen. Zudem weckte ich mit meiner Antwort in dem Seelenfischer Dr. Sänger den Glauben, mich mit seinem Netz einfangen zu können und das obwohl ich mich klar als gegenüber allen Formen religiösen Glaubens resistent etikettierte.

Das Stichwort „Jude" adelte mich in seinen Augen, denn in der Vorstellung evangelikaler Christen sind Juden das Volk, das von Gott auserwählt wurde, den Messias Jesus hervorzubringen, weshalb es mit besonderer Ehrerbietung bedacht werden müsse. Zugleich sehen es aber die Evangelikalen als ihre vornehmste Aufgabe, Juden die Augen für den bereits auf die Erde gekommenen Messias Jesus zu öffnen. Dr. Sänger glaubte offensichtlich, nun die Gelegenheit zu haben, einen leibhaftigen Angehörigen des auserwählten Volkes von seinem Irrtum befreien zu können. Also schrieb er:

21.02.2008

Sehr geehrter Herr Berger,

haben Sie vielen Dank für Ihr Schreiben.

Ich würde es sehr begrüßen, wenn Sie an den Gott Israels glauben würden, der Himmel und Erde geschaffen hat. Gott liebt das jüdische Volk und bricht seinen Bund mit den Juden nicht. Gott erlöst die Juden von ihren Feinden, deshalb sind die Juden ein Beweis für das Sein des ewigen Gottes.

Die Evolutionstheorie ist atheistisch und beruht auf Hypothesen, die experimentell nicht belegbar sind. Wenn die Erde noch hundert Jahre besteht, wird Gott in dieser Zeit nicht die Naturgesetze ändern.

Mit freundlichen Grüßen

Dr. Jürgen Sänger

Darauf erwiderte ich, als Physiker wüsste ich nicht, wo in der Naturwissenschaft für Gott Platz sei und dass sich die Theologie wohl mit Gott, nicht aber mit Gesetzen der Natur befasse, was erwartungsgemäß von Dr. Sänger schroff zurückgewiesen wurde.

Seine Liebe zum jüdischen Volk hatte für die Objekte seiner Liebe, und als solches musste ich mich, trotz meiner Zurückweisung jeder Religiosität, empfinden, etwas Beklemmendes, war sie doch an die Erwartung gebunden, dass die Juden Christen werden mögen. Als sei die Zeit seit Martin Luther stehen geblieben, als er ähnlich euphorisch die Juden umgarnte, um schließlich die Christen dazu aufzurufen, deren Häuser zu verbrennen und sie aus dem Land zu jagen, weil sie so verstockt geblieben seien, Jesus nicht als den Messias anzuerkennen[6]. So klein konnte der Schritt von überschwänglicher Liebe zum Hass auf die Juden sein. Und Dr. Sängers theologische Behauptung *„Gott erlöst die Juden von ihren Feinden, deshalb sind die Juden ein Beweis für das Sein des ewigen Gottes"* sollte wohl nach der Schoah endgültig als widerlegt gelten.

Vor Ostern 2008 erhielt ich von Dr. Sänger einen Rundbrief, der seinen Standpunkt zu Gott und zur Natur eindeutig klären sollte:

20.03.2008

Sehr geehrte Damen und Herren, liebe Freunde,

in dieser Karwoche sei daran erinnert, dass es für die Annahme, der Leichnam von Jesus Christus sei verwest, keine stichhaltigen Gründe gibt, nicht einmal natur-

---

6   Martin Luther, „Von den Juden und ihren Lügen", 1542: „Wo du einen Juden siehst ..., da geht ein leibhaftiger Teufel."
„Juden sind giftige, bittere, rachgierige, hämische Schlangen, Meuchelmörder und Teufelskinder."
„Die Synagogen oder Schulen der Juden mit Feuer anstecken."
„Die Häuser der Juden zerstören"
„...dass man den Juden verbietet, sich frei auf den Straßen zu bewegen"
„Wenn das nicht hilft, müssen wir sie verjagen wie tolle Hunde."

wissenschaftliche. Die kausal- mechanistische Weltsicht eines Charles Darwin aus dem vorletzten Jahrhundert wurde längst schon in den 1920er Jahren durch die Quantenphysik überwunden.

Das Neue Testament ist mit Abstand das am zuverlässigsten überlieferte Geschichtswerk der Antike. Zu den Evangelien ist zu sagen, dass "es in der gesamten antiken Literaturgeschichte keinen in irgendeiner Weise vergleichbaren Fall von so genauer dreifacher Übereinstimmung eines umfangreichen Geschehens gibt". (Der Historiker Carsten Peter Thiede in "Antike Kultur und Neues Testament; Die wichtigsten Hintergründe und Hilfsmittel zum Verständnis der neutestamentarischen Schriften" Brunnen- Verlag Basel 2003).

Heute wird die Bibel weithin dem Maßstab des so genannten modernen Weltbildes unterworfen, dessen Grunddogma es ist, dass Gott in der Geschichte gar nicht handeln kann - dass also alles, was Gott betrifft, in den Bereich des Subjektiven zu verlegen ist. Dann spricht die Bibel nicht mehr von Gott, dem lebendigen Gott, sondern dann sprechen nur noch wir selber und bestimmen, was Gott tun kann und was wir tun wollen oder sollen. Und der Antichrist sagt uns dann mit der Gebärde hoher Wissenschaftlichkeit, dass eine Exegese, die die Bibel im Glauben an den lebendigen Gott liest und ihm selbst dabei zuhört, Fundamentalismus sei; nur seine Exegese, die angeblich rein wissenschaftliche, in der Gott selbst nichts sagt und nichts zu sagen hat, sei auf der Höhe der Zeit.

Es ist an der Zeit, den theologischen Schrott der Evangelischen Kirche zu entsorgen, damit die Menschen ihre Schuld loswerden und die Auferstehung von Jesus Christus unseren Zeitgenossen Freude, Zuversicht und Orientierung vermittelt: "So sehr hat Gott die Welt geliebt, dass er seinen eingeborenen Sohn gab, damit alle, die an ihn glauben, nicht verloren gehen, sondern das ewige Leben haben".

*Ich wünsche ein freudiges und gesegnetes Auferste-
hungsfest*

Dr. Jürgen Sänger

Wie die Lehre Darwins mit Quantenphysik widerlegt
werden konnte, war mir, einem Physiker, ein Rätsel. Es
war wohl eine der sprachlichen Wendungen, die Dr.
Sängers Gelehrsamkeit beweisen sollten. Auch war es
mir neu, dass das Neue Testament eine ernst zu neh-
mende historische Quelle sein sollte. Ebenso wie alle
anderen fundamentalen religiösen Bücher ist es vielmehr
ein Produkt menschlichen Geistes, eine Mischung aus
Erfahrung, Überlieferung und kreativer Fantasie. Es erschien mir unangemessen, meine Zeit für die Erwiderung
von Glaubenssätzen und antiquierten theologischen
Thesen zu verschwenden, die sich jeder argumentativen
oder empirischen Verifizierung entziehen. Wird ein religiöses Buch, sei es die Thora[7], das Neue Testament oder
der Koran, als ein von Gott gegebenes historisches Werk
und dazu noch als die Basis der Moral und der universel-
len Welterklärung angeboten, ist ohnehin jedes sachliche Gespräch fehl am Platze, zumal die Anhänger der
jeweiligen Religion ihre Wahrheit als die einzig richtige
anbieten. Also stellte ich zunächst die Mail-Konversation
mit Dr. Sänger ein. Doch er ließ nicht locker und bom-
bardierte mich weiter mit Rundschreiben, in denen er,
mit dem Kompass des Glaubens in der Hand, alle Weltprobleme löste.

Schon seit Jahren versendete der nach eigener Darstel-
lung pensionierte Chemiker und evangelikale Christ Dr.
Jürgen Sänger an einen breiten Kreis von interessierten
und uninteressierten Empfängern in Deutschland und
im Ausland, darunter an staatliche Ämter, Regierungen
und Politiker, Emails zu diversen Themenbereichen:
Theologie, Moral aus christlicher Sicht, Umwelt, Konflikt

---

7   Jüdische Bezeichnung für das Alte Testament.

mit Israel. Viele der ungefragten Empfänger seiner Mails betrachteten diese als eine Belästigung, klassifizierten sie deshalb als Spam und löschten sie unverzüglich. Meine Reaktion auf seine meist provozierenden Texte schwankte zwischen Zustimmung, Amüsiertheit und Verärgerung. Die Spannweite der Argumentation in seinen Schreiben bewegte sich zwischen strenger Logik des Naturwissenschaftlers, der mit dem biblischen Schöpfungsmythos begründeten Zurückweisung der Entwicklungslehre und religiösen Missionsgedanken. Doch auch seine mit Forschungsergebnissen vermeintlich hochkarätiger Klimaforscher und Physiker untermauerte Ablehnung der Theorie von menschengemachter Erwärmung der Erdatmosphäre hatte bei Dr. Sänger eine theologische Wurzel. Denn er sprach den Menschen grundsätzlich die Fähigkeit ab, die göttliche Schöpfung zu zerstören. Solche Selbstüberschätzung der Menschen war für ihn schlicht eine blasphemische Anmaßung von Personen, die sich selbst eine gottähnliche Allmacht zuschrieben.

Der Eifer, mit dem er sich seinen Themen widmete, hatte ohne Zweifel fanatische Züge, und sein Sendungsbewusstsein machte ihn gegen Beschimpfungen und den Hohn seitens vieler Empfänger seiner Botschaften immun, weil er als christlicher Fundamentalist im Besitz der unumstößlichen biblischen Wahrheit zu sein meinte, für die doch einst auch Jesus Hohn und Spott einstecken musste.

Wie es sich für evangelikale Christen geziemte, war Dr. Sänger ein großer Freund Israels, weil seiner Meinung nach nicht nur ein Recht, sondern eine theologisch begründete Pflicht aller Juden bestand, im biblischen Land Israel zu leben, damit der „Messias Joshua", der jüdische Erlöser der Menschheit, auf die Erde wiederkehre. Deshalb verurteilte Dr. Sänger konsequent alle Anfeindungen gegenüber Israel und unterstützte vorbehaltlos den Kampf Israels um eine sichere Existenz, auch auf den biblischen, von Gott den Juden zugesprochenen Gebieten Judäa und Samaria, die folglich in westlichen Medien zu Unrecht als „besetzte Gebiete" bezeichnet würden. Von den Juden erwartete er aber, dass sie sich eines Tages der Zuneigung seitens der evangelikalen Christen wie der „messianischen Juden[8]" als würdig erwiesen und „Joshua", im üblichen Sprachgebrauch Jesus, als den vor über 2000 Jahren von Gott auf die Erde gesandten Messias anerkannten. In diesem rein geistlichen Sinne erschien mir seine Liebe zu Israel und den Juden nicht ganz uneigennützig und dennoch lobenswert.

Warum hasst ein Großteil der Welt die Juden?

Als strenger Rationalist bedachte ich Dr. Sängers religiöse Welterklärungen mit Spott. Zudem provozierten seine plumpen Versuche, mich als Juden in missionarischer Bekehrungsabsicht zu umarmen, in mir einen starken Widerwillen. Doch im Mai 2008 erreichte mich ein von ihm versandter Rundbrief, der ihn mir dieses Mal im ganz anderen Licht und sogar als einen Bundesgenossen erscheinen ließ:

09.05.2008

Warum hasst ein Großteil der Welt die Juden?
(Autor unbekannt)

Warum hasst die Welt die Juden? Was haben die Juden der Welt jemals angetan? Sie überlebten -- nicht als

---

8   Christen, die sich selbst als Juden verstehen, zugleich aber an Joshua (Jesus) Christus als den Sohn Gottes glauben. Sie vermischen in ihrem Glauben und ihren Riten jüdische und christliche Elemente. Vom Staat Israel und von jüdischen religiösen Autoritäten werden sie nicht als Juden anerkannt.

Israelis, aber als Juden. Die Welt hätte kein Problem mit einem säkularen Israel. Oder mit einem moslemischen Israel. Warum kann sie nicht mit einem JÜDISCHEN Israel leben? Sie kann nicht einmal erklären, warum. Eines der ausdauerndsten Mysterien aller Zeiten ist, nach meinem Verständnis, das Phänomen des Antisemitismus. Es folgt keinem logischen Muster, das es erklären würde -- in der Tat, als ein einfaches soziales Phänomen betrachtet, macht es überhaupt keinen Sinn. Antisemitismus scheint universal zu sein; er hat in jeder Generation existiert, unter allen Völkern, auf jedem Kontinent, auf den Juden ihren Fuß gesetzt haben.

Europäischer Antisemitismus geht zurück in die Tage des Römischen Reiches, aber Juden waren das Ziel von Diskriminierung und Pogromen auf jedem Kontinent und in praktisch jeder Nation der Erde. Es gibt keine Nation, die behaupten kann, frei von Antisemitismus zu sein, und gleichzeitig gibt es keine Nation, die glaubwürdig behaupten kann, dass sie durch seine bodenständige jüdische Bevölkerung geschädigt wurde.

Obwohl sie nur einen winzigen Teil der Weltbevölkerung ausmachen, wurde Juden im 20. Jahrhundert ein Viertel aller Nobelpreise für Chemie, Wirtschaft, Literatur, Frieden, Physik und Medizin zuerkannt. Es gibt jedoch keine Nation auf der Erde, die allgemein mehr verachtet wird. Einige Antisemiten (solche, die selbst zugeben, dass sie es sind), werden argumentieren, dass die Juden "Christusmörder" sind, ausnahmslos Matthäus 27,25 als ihren 'Beweistext' zitierend. "Und das ganze Volk antwortete und sprach: Sein Blut komme über uns und über unsere Kinder!"

Amerika hat keinen treueren oder vertrauteren Verbündeten unter all den Nationen der Welt als Israel. Aber die USA begründen ihren gesamten Friedensprozess auf die Schaffung eines terroristischen Staates an der Grenze von Israel. Keine andere Nation auf dieser

Erde würde es erwägen, in solch eine Situation zu kommen, noch viel weniger, von seinem engsten Verbündeten in solch eine selbstmörderische Situation gezwungen zu werden.

1993 war Israel bereit, die Palästinensische Autorität in das Juwel des Mittleren Ostens zu verwandeln. Es wäre ein Zeugnis für die israelische Toleranz gewesen. Aber die Palästinenser konnten ihren blinden Hass gegen die Juden nicht überwinden, und sobald sich eine Möglichkeit ergab, griffen sie an. Warum? Der Rest der Welt, besonders der Westen, ist weder blind noch dumm. Die westlichen Diplomaten prangerten Israel an für das Vergelten der grundlosen Raketenangriffe gegen zivile Ziele, WISSEND, dass sie mit viel weniger Zurückhaltung reagieren würden, wären sie auf der Empfangsseite des Raketenfeuers. Sie WISSEN, dass der Krieg in der Sekunde aufhört, wo die Palästinenser aufhören, anzugreifen. Trotzdem unterstützen sie das Recht der Palästinenser, grundlos wahllose Angriffe auf israelische Ziele auszuführen und verurteilen Israel, darauf mit militärischen Aktionen zu antworten.

Vergleiche Israels 'Menschenrechtsverletzungen' -- sogar die offensichtlichsten fiktiven -- mit tatsächlichen Menschenrechtsverletzungen in islamischen Nationen wie dem Sudan, oder Saddam Husseins Irak, oder Syriens Assad Regime. Es gibt keine Massengräber in Israel. Jedoch wurden innerhalb der vergangenen 60 Jahre mehr UN Resolutionen verabschiedet, die Israel verurteilen, als für den Rest der Welt zusammen. Es widerspricht jeder logischen Erklärung.

So macht der globale Antisemitismus keinen logischen Sinn - weder politisch, noch wirtschaftlich, sozial oder religiös. Trotzdem wächst er weiter - ungeachtet seiner selbstzerstörerischen Natur. Warum hasst beinahe jeder das jüdische Volk? Es gibt nur eine logische Erklärung für Antisemitismus, und diese Erklärung ist geistlich. Die Bibel sagt, dass Satan der „Gott" dieser Welt ist und dass es sein Ziel ist, als solcher angebetet zu werden. Die Existenz Israels ist eine ständige Erinnerung für den „Gott" dieser Welt, dass seine Tage gezählt sind. Sein Ziel ist es, alle Spuren Gottes vom Angesicht der Erde auszulöschen. Und der jüdische Staat Israel steht ihm im Wege. Die Bibel sagt auch, dass die Juden das auserwählte Volk Gottes sind und dass sie nicht nur ausharren als ein Volk, um als Gottes 'Flagge/Zeichen für die Nationen' zu dienen, dass Er existiert, aber dass ihre Existenz auch ein Beweis dafür ist, dass ER fähig ist Sein Wort zu halten.

Die Politiker, Medien und Gemeindeleiter, welche sich gegen Israel und das jüdische Volk stellen, widersetzen sich YHVH[9] Selbst! Sich gegen Israel stellen heißt, sich gegen den Gott Israels zu stellen, denn Er ist es, der dieses winzige Land wieder erstehen ließ, damit es der Grund für viele der Weltprobleme ist (Psalm 102,13-16. Er ist es, der das jüdische Volk zurück in das Land ihrer Vorväter bringt, um es zu BESITZEN (Jeremiah 30,3): und Er ist es, der sehr bald mit der ganzen Welt ins Gericht gehen wird, darüber, wie sie das jüdische Volk behandelt haben (Joel 3,1-3)

Der Herr segne dich, während du das Kommen der Wiederkehr des Herrn beschleunigst und Israel segnest, indem du für die Verteidigung ihres Rechtes einstehst, in dem Land zu leben, dass der Gott Israels dem jüdischen Volk gegeben hat. Schweige nicht, sondern teile dies deinen christlichen Geschwistern mit, deinem Pastor und jedem, mit dem du darüber sprechen kannst. Lasst uns auch für den Durchbruch bei den Moslems beten. Denkt daran, für unseren Sohn Jordan & seine Mitsoldaten in der IDF zu beten.

Schabbat Schalom ... David &Josie

---

9 Gemeint ist hier Jahve, der israelitische Gott. In Hebräisch werden nur die Konsonanten, nicht die Vokale geschrieben.

Randbemerkung eines säkularen Juden

Am Rande bemerkt, stimme ich der religiösen Interpretation des Verfassers dieses Rundbriefs, ein Jude sei Apriori ein religiöser Mensch, nicht zu. Denn es gibt auch säkulare Juden, zu denen auch ich mich zähle, die sich über die jüdische Volkstradition, eigene und familiäre Erfahrung sowie Kultur definieren, ohne dabei unbedingt religiös zu sein. Vor dem Krieg sprachen zum Beispiel in Polen die meisten der über drei Millionen Juden Jiddisch und die Säkularen unter ihnen definierten sich nicht über die Religion, sondern über die Sprache Jiddisch, die jüdische Kultur und Tradition. Zu Letzteren zählten etwa die Sozialisten des Jüdischen Arbeiterbundes und der zionistischen Partei Poale Zion, wie auch die linkszionistischen Pfadfinder des Hashomer Hatzair. Deshalb wäre ein rein säkulares Israel immer noch ein jüdischer Staat. Im Übrigen ist Israel 1948 von eben solchen weltlichen, meist sozialistisch orientierten Juden als ein säkularer Staat gegründet worden. Das scheinen außerhalb Israels die wenigsten zu wissen und zu verstehen, aber, wie man an dem obigen Schreiben sieht, auch manche Menschen, die in Israel leben und die Welt durch eine religiöse Brille betrachten. Gebe es nur eine jüdische Religion, aber kein jüdisches Volk, dann wäre auch die Existenz des Staates Israel unsinnig und nicht zu befürworten. Für eine Religion braucht man keinen Staat, es sei denn einen sakralen Ministaat wie Vatikan. Genau das ist auch das wichtigste Argument der Gegner Israels, sowohl in der islamischen, als auch in der westlichen Welt. Das hohe Gewicht, das die jüdische Religion in Israel heute hat, ist eine spätere Entwicklung. Bis heute betrachtet sich aber die Mehrheit israelischer Juden als säkular.

Im Jahr 1948 ist der neu entstandene säkulare Staat Israel von arabischen Nachbarstaaten angegriffen worden. Das sollte ein hinreichender Beleg dafür sein, dass es beim Israel-Palästina-Konflikt und bei seiner Bewertung in der Welt nicht primär um jüdische Religion geht, wohl aber um Juden, denen nicht nur ein eigener Staat, sondern auch die individuelle Präsenz in der Region verwehrt wird.

Es sei auch dahingestellt, ob es tatsächlich in der Welt keine Nation gibt, die vom Antisemitismus frei ist. Für die meisten christlich oder islamisch geprägten Nationen ist es aber ohne Frage ein Problem.

Worauf sich der Leser dieses Textes einlässt

Doch zurück zu der Mailaktion. Nachdem Dr. Jürgen Sänger den obigen, offensichtlich aus Israel stammenden Text zur Verteidigung Israels und der Juden verschickt hatte, entwickelte sich als Reaktion auf dessen Inhalt ein schockierender Disput, der neben einigen ganz sachlichen Standpunkten alle Facetten des offenen, wie des als Antizionismus getarnten Antisemitismus abdeckte. Dabei handelte es sich bei den Verfassern der antisemitischen Hetztiraden, der Sprache nach zu urteilen, meist um gebildete, mitten im Leben stehende Menschen, einige von ihnen sicherlich im Rentneralter, wie der Initiator des Disputes Dr. Jürgen Sänger.

Die meisten Teilnehmer des Disputs vertraten erschreckend intolerante, undemokratische Positionen, so als wären die über sechzig Jahre seit dem Kriegsende[10] und dem Untergang des Nazi-Reiches spurlos an ihnen vorbeigegangen. Wie in unsäglichen Zeiten des Nationalsozialismus hielten sie sich ganz offensichtlich für

---

10 Der Disput fand 2008 statt.

Vertreter der „arischen Rasse", mit dem Auftrag die Welt
vom verderblichen Einfluss des Judentums zu reinigen.
Sie wussten sehr wohl, dass die Verbreitung ihrer Ansichten in der Bundesrepublik unter Strafe stand, umso
mehr hielten sie sich für Helden und für eine Elite der
Nation und darüber hinaus des „Ariertums". Und in den
größten Widersachern Israels, nämlich den Palästinensern, erkannten sie folgerichtig ihre Bundesgenossen.

Da es sich bei den Verfassern der Schmähbriefe gegen
Juden und Israel um eine Handvoll unbekannter Personen handelte, könnte man den ganzen Vorgang wegen
seiner Zufälligkeit als marginal ansehen und ihn ad acta
legen. Graphomanen antisemitischen bis nazistischen
Zuschnitts stehen unter Schreibzwang und äußern sich,
getarnt durch eine falsche Identität, bei jeder Gelegenheit in Internet-Foren und Lesermeinungen von Online-
Zeitungen, wo sie allerdings meist wegzensiert werden.
Die in den Schreiben bedienten Muster der Reinwa-
schung des nationalsozialistischen Unrechtssystems und
der Diffamierung aller seiner Gegner sind mir aus natio-
nal-konservativen deutschen Kreisen seit langem gut bekannt, wohl bemerkt, aus Kreisen, die nach außen pein-
lich darauf bedacht sind, sich nicht von Neonazis der
NPD vereinnahmen zu lassen. Es sind Menschen, wie es
in der heutigen Publizistik heißt, „aus der Mitte der
deutschen Gesellschaft", die die Bombardierung Ham-
burgs und Dresdens im Zweiten Weltkrieg als den „Bom-
benholocaust" bezeichnen, sowie den Juden eine Mit-
wenn nicht Hauptschuld am Ausbruch des Zweiten
Weltkrieges anlasten und damit ein gewisses Verständnis für die deutschen Mordaktionen gegen Juden zeigen, deren Ausmaß sie zugleich systematisch verniedlichen oder sie gar als legitime und durch die Haager
Landkriegsordnung[11] gedeckte Bekämpfung „feindlicher

---

11 Die Haager Landkriegsordnung (HLKO) ist die Anlage zu
   dem während der ersten Friedenskonferenz in Den Haag

Kombattanten" rechtfertigen. Außerdem verniedlichen sie das Ausmaß deutscher Mordaktionen gegen die Juden Europas, indem sie die Leiden der Deutschen im Bombenhagel der Flugzeuge der Alliierten sowie auf der Flucht vor sowjetischen Truppen und bei der Vertreibung nach dem Krieg mit denen der Juden gleichsetzen. Ihr Motto lautet: *„Lasst uns mit der Nazizeit in Ruhe. Auch wir haben gelitten. Wir sind quitt."*

Zudem ist es heute in Deutschland, wie in der ganzen westlichen Welt, „modern", statt die diskreditierten antisemitischen Begriffe zu verwenden, Israel und „die Zionisten" zu kritisieren, aus einer vermeintlich humanistischen Position der Verteidigung der Palästinenser und ihrer legitimen Rechte, wobei aber an Israel und damit an die Juden systematisch wesentlich höhere moralische Maßstäbe angelegt werden, als an die ganze restliche Menschheit und ihnen das Recht verwehrt wird, sich gegen Terrorangriffe von außen zu verteidigen. Genau diese besondere Wahrnehmung der Juden und des Staates Israel sowie die besondere Erwartung an sie erfüllen aber die Kriterien des Antisemitismus[12]. Doch der Vorwurf des Antisemitismus wird von diesen „Israelkritikern" empört mit der Floskel abgetan *„man wird wohl noch Israel kritisieren dürfen"*, so als würde die allgegenwärtige, zuweilen tägliche Kritik an Israel in allen etablierten Medien ständig an einem Tabu rütteln, das folglich in Wirklichkeit gar nicht existiert. Um ein Bonmot von Henryk Broder zu zitieren, es wird mit einer Heldenpose so getan, als töte man einen Stier, der aber

---

beschlossenen zweiten Haager Abkommen von 1899 „betreffend die Gesetze und Gebräuche des Landkriegs", das 1907 im Rahmen der Nachfolgekonferenz als viertes Haager Abkommen in leicht geänderter Fassung erneut angenommen wurde.

12 Drei „D"s als Kriterium für den Antisemitismus: Dämonisierung, Delegitimierung, doppelte Standards.

in Wirklichkeit längst zu Buletten verarbeitet ist. Und in diesem Punkt, der überzogenen und deshalb antisemitischen Kritik an Israel, ist heute der einstige Grundsatz von Kaiser Wilhelm II. weitgehend gültig: *„Ich kenne keine Parteien, ich kenne nur noch Deutsche"*[13].

Keinen von den Mail-Partnern kannte ich persönlich, doch aus deren Texten schloss ich, dass einige von ihnen, wie Dr. Sänger, fortgeschrittenen Alters waren, am Ende des Krieges vermutlich Kinder gewesen sind, Pimpfe, Hitlerjungen oder BDM[14]-Mädchen. Ihre Denkweisen entsprangen folglich zum Teil der Indoktrination in der Nazizeit, wurden aber, wie zu vermuten war, nach dem Krieg im Elternhaus vertieft und konserviert. Sie artikulierten das unglückliche Bewusstsein von Menschen, die der von den Nazis einst erträumten und für einige Jahre mit kriegerischer Gewalt installierten Größe Deutschlands nachtrauern. Folgerichtig sehen sie die Schuldigen für den vermeintlichen Niedergang Deutschlands nach 1945 in den Juden und den Alliierten der Anti-Hitler-Koalition. Sie gehören zu jenen Deutschen, die den Juden Auschwitz nie verzeihen können, die den Holocaust leugnen, es zugleich aber bedauern, dass es nach dem Krieg noch Juden gab, die das Massaker überlebt hatten und deshalb die Täter benennen konnten. Und selbstverständlich setzen in ihrer Wahnvorstellung die Juden heute ihren diabolischen Plan der Diffamierung Deutschlands und der weltweiten politischen und wirtschaftlichen Einflussnahme zu ihrem Vorteil und zum Schaden der übrigen Welt akribisch fort.

---

13 Berühmtes Zitat aus der Rede von Kaiser Wilhelm II vor dem Reichstag am 4. August 2014 anlässlich des Beginns des 1. Weltkriegs.
14 BDM – Bund Deutscher Mädchen, der Hitlerjugend entsprechende weibliche Jugendorganisation in der Zeit des Nationalsozialismus.

Die meisten aktiven Mitgestalter und Mitläufer des Nazi-
reiches sind inzwischen verstorben und die älteren unter
den heutigen Rentnern haben diese Zeit nur als Kinder
erlebt. Sie alle fallen, wie es der ehemalige Bundeskanzler Helmut Kohl einmal formulierte, unter die *„Gnade
der späten Geburt"*, die sie schicksalhaft daran gehindert
hat, in der Nazizeit schuldig zu werden. Sofern sie aber
die Gräuel der Nazizeit leugnen oder verniedlichen, demonstrieren sie damit, dass sie in der Nazizeit bereitwillig mitgemacht und damit schuldig geworden wären.
Die Demokratie hat bislang die Gesellschaft weitgehend
davor geschützt, dass solchem Denken auch Taten folgen.

Die guten Semiten und die bösen Chasaren[15]

Hier, als Reaktion auf den Rundbrief von Dr. Jürgen Sänger, die erste Kostprobe des als Antizionismus getarnten
Antisemitismus:

---

15 Die Chasaren waren ein ursprünglich nomadisches und
später halbnomadisches Turkvolk in Zentralasien. Im 7.
Jahrhundert nach Chr. gründeten sie ein unabhängiges
Fürstentum (Khanat) im nördlichen Kaukasus an der Küste
des Kaspischen Meeres. Ab dem 8. Jahrhundert wurde die
jüdische Religion zur wichtigsten Religion im Reich. Inwie-
fern nur die Oberschicht und nicht das Volk jüdisch war,
ist allerdings unbekannt. Das 10. Jahrhundert brachte den
Niedergang des Chasaren-Reiches, mit der Flucht vieler
Menschen in die Nachbarländer.

09.05.2008

Lieber Herr Sänger!

Was für eine bösartige Dummheit!

Die Propagandaseite, die Sie uns zumuten, ist so grundfalsch, dass nicht einmal ihr Gegenteil richtig wäre.

Antisemitismus?? Damit fängt die Verdrehung schon an. Die Palästinenser, die Araber sind Semiten. Die heutigen Juden stammen zu 90 % von den Chasaren ab, und das sind Verwandte der Türken, nicht der Araber. Chasaren sind also keine Semiten! Da die Juden (wenigstens die Zionisten) ruchlos gegen die Araber kämpfen, sind die einzigen wirklichen „Antisemiten" die Juden (Chasaren) selbst.

Judengegner? Sind außerordentlich selten, ich habe noch nie einen getroffen und ich komme viel herum. Das wären Leute, die gegen ein (fiktives) jüdisches Volk eingestellt sind, weil die Juden angeblich „Zwiebel essen", „stinken", „eine krumme Nase haben" und „erbliche Plattfüße" aufweisen. Nun, offenbar sind Menschen sehr dünn gesät, die andere wegen solcher Eigenschaften bekämpfen.

Kritik am Vorgehen Israels? Antizionismus? Ja, da gibt es sehr viele Menschen, eine unüberschaubare Menge von Leuten, die so denken! Es ist geradezu der „Mainstream"!! Und soll man einen Staat etwa nicht kritisieren, der eine Kolonie durch Terror, Mord und Raub militärisch erobert, die Einheimischen umbringt, vertreibt, zur Flucht vor dem Terror zwingt, zivile Wohnstätten niederwalzt, Kinder heimatlos macht, Friedensaktivisten killt, 8 Meter hohe Trennwände errichtet, Olivenhaine entwurzelt, den Befehl gibt; „Brecht den Demonstranten die Knochen!"? Sehen Sie sich doch bloß die Landkarte an, wo haben die Palästinenser 1945, 1948 gewohnt? Überall! Und wo dürfen sie heute noch hausen, in täglich bombardierten Slums?

Fast nirgends. Und der „Staat der Juden“ tut alles, um die Einheimischen auch noch aus ihrer letzten Zuflucht zu vertreiben! Mit Mord, Raub, Brandstiftung, unvorstellbaren Grausamkeiten, mit blankem Terror und Kriegswaffen, mit Kampfrobotern! Jeder hat die Videos gesehen, wie ein Kind in den Armen eines Vaters mitleidlos abgeknallt wird, wie die Verbrecher einen Flüchtenden einholen und gemächlich (zu fünft) mit Steinbrocken auf ihn einschlagen, bis er verreckt, und viele, viele Bilder mehr.

Nun sind Israeli ja doch ganz normale Menschen mit Kopf und Herz und zwei Beinen, nicht wahr? Nicht wahr? Wie können denn ganz normale Menschen all dies tun, all dies mittragen, all dies unterstützen? Man muss berücksichtigen, dass es eine immerhin große Zahl von antizionistischen Juden gibt, sie sind wohl sogar in der Mehrheit. Aber dass mehr als nur ein paar Dutzend von Menschen das schreiende Unrecht gegen die Einheimischen (die einzigen und echten Nachfahren der alten Hebräer!!) täglich von neuem tun können, dafür braucht es doch eine durchschlagende Propaganda, eine Master-Ideologie!! Sonst können doch Menschen mit einer unsterblichen Seele und einem Herzen in der Brust nicht derart grausam sein??!! Und diese Ideologie gibt es: es ist der Judaismus.

Der Judaismus als eine Zweck-Interpretation absichtlich missverstandener archaischer hebräischer Mythen gestattet es (angeblich) den Anhängern dieser Irrlehre, sich als eine von Gott beauftragte Kaste von Übermenschen zu halten, denen („gottgewollt!!“) jede Niedertracht und jedes Verbrechen gegen die Menschheit „erlaubt“, ja sogar („gottgewollt“, Herr Sänger!!). Wenn richtig ist, dass es keine „Untermenschen“ geben darf, um wie viel eher muss gelten, dass sich nicht eine sehr kleine Gruppe (die Zionisten) eines sehr kleinen heterogenen Volkes (Juden stellen vielleicht 1 % der Weltbevölkerung dar, oder bloß ein Drittel eines Prozents?)

Unausgesprochen schwingt hier zwischen den Zeilen
eine Überhöhung des Christentums als der vermeintlich
überlegenen, weil humanen Heilslehre. Der aggressiv
antijüdische Ton, *„wohl ein jeder ist scharfer Gegner des
Judaismus"*, ist uns aus der Nazizeit wohlbekannt. Die
Kritik von Günter Kaule an Israel, nach dem bekannten
Prinzip *„man wird wohl noch die Wahrheit sagen und
Israel kritisieren dürfen"*, verdeckte nur notdürftig seine
exzessive Ablehnung der Juden. Günter Kaule schien
tatsächlich zu glauben, blutrünstige Aggressivität sei in
der jüdischen Religion angelegt. Es ist aber ein bekannter Taschenspielertrick von Antisemiten, zu behaupten,
der angeblich jüdische Grundsatz *„Auge um Auge, Zahn
um Zahn"* sei durch den christlichen Grundsatz *„Liebe
den nächsten, wie dich selbst"* ersetzt worden. Dabei
stammt der Satz *„Liebe den nächsten, wie dich selbst"* von
Moses, nachzulesen in der Thora (Altes Testament),
Buch Levitikus 19,18, und nicht, wie von Christen allgemein angenommen wird, von Jesus. Der Jude Jesus soll
diesen alten jüdischen Grundsatz öffentlich zitiert und
ihn damit, vermittelt durch die Apostel, den Christen
zugänglich gemacht haben. Der Kontext beider Sätze ist
aber ein grundsätzlich anderer, weshalb sie einander
keineswegs widersprechen. Denn der Grundsatz *„Auge
um Auge, Zahn um Zahn"* war als eine Richtschnur für

einen Richterspruch gedacht, als Maßstab für die Kompensation eines Schadens durch seinen Verursacher und nicht als ein moralischer Grundsatz im zwischenmenschlichen Umgang.

Wenn aber ein willkürlich aus dem Kontext gerissener Satz aus dem Alten Testament den Charakter der Juden demonstrieren soll, kann nach derselben Methode ein anderes Jesus-Zitat aus dem Neuen Testament angeführt werden:

"Glaubet nicht, ich sei gekommen, Frieden auf die Erde zu bringen. Ich bin nicht gekommen, Frieden zu bringen, sondern das Schwert. Denn ich bin gekommen, den Menschen zu entzweien mit seinem Vater und die Tochter mit der Mutter und die Schwiegertochter mit ihrer Schwiegermutter." (Mt. 10:34-35)

Diese Aussage aus dem Neuen Testament, die man im historischen Kontext als Ausdruck einer unversöhnlichen Haltung von Jesus gegenüber der römischen Besatzungsmacht ansehen kann, lässt sich auch so interpretieren, dass Jesus nicht der friedfertige, ausgleichende Mensch gewesen ist, als der er allgemein von Christen gesehen wird, vielmehr ein cholerischer, machtbesessener und rücksichtsloser Fundamentalist, anders ausgedrückt ein Sekten-Guru.

Ein anderer antisemitischer Taschenspielertrick ist die Behauptung, der Begriff Antisemitismus beinhalte den Hass auf Semiten und somit auf Araber, die doch Semiten seien. Dass der Erfinder des Begriffs „Antisemitismus" Wilhelm Marr[16] mit diesem Ende des 19. Jahr-

---

16 Friedrich Wilhelm Adolph Marr (1819-1904) war ein deutscher Journalist. Er propagierte im deutschen Sprachraum als erster den Anarchismus. 1879 prägte er den Begriff Antisemitismus und gründete die erste antisemitische politische Vereinigung: die Antisemitenliga. Der Antisemitismus wurde prägend in deutsch-nationalen Kreisen des deutschen Kaiserreiches. Der Historiker Heinrich von Treitsch-

hunders von vornherein die Ablehnung der Juden und nicht der Araber meinte, ist eindeutig belegt. Das ist umso offensichtlicher, als damals in Europa nachweislich Juden, aber keine Araber lebten. Die Wortklauberei um den Begriff Antisemitismus ist ein typischer Trick „moderner" Antisemiten und insbesondere in der heutigen judenfeindlichen Argumentation von Arabern verbreitet. Günter Kaule gab sich Juden gegenüber tolerant, vernichtete sie aber, indem er mit dem albernen Argument, heutige Juden seien im Gegensatz zu Arabern keine Semiten, ihnen schlicht absprach, Juden zu sein.

Die These, die osteuropäischen Juden, die vor dem Krieg die überwältigende Mehrheit der Juden der Welt ausmachten, entstammten in Wirklichkeit nicht den antiken Völkern der Hebräer, Israeliten und Judäer, sondern dem Turkvolk der Chasaren, das im Mittelalter die jüdische Religion angenommen habe, ist nicht neu. Einer ihrer Verfechter war der jüdisch-deutsche Schriftsteller Arthur Koestler. Seine Idee, die er 1976 in seinem Buch „Der dreizehnte Stamm"[17] ausbreitete, wurde in jüngster Zeit von dem israelischen Historiker Shlomo Sand in dem Buch „Die Erfindung des jüdischen Volkes"[18] aufgegriffen. Abgesehen davon, dass es kaum historische Belege für diese These gibt, tut Shlomo Sand genau das gleiche, was er seinen Kritikern vorwirft: Er instrumentalisiert die Geschichtsforschung zur Unterstützung seiner

---

ke (1834.1896) lieferte judenfeindliche Argumente für gebildete Kreise Deutschlands, während der Berliner Pfarrer Adolf Stöcker (1835-1909)in seiner „Berliner Bewegung" vorwiegend Arbeiter von seinen antisemitischen Ideen zu überzeugen versuchte.

17 Arthur Köstler, „Der dreizehnte Stamm. Das Reich der Khasaren und sein Erbe", Molden, Wien/München/Zürich 1977.

18 Shlomo Sand, „Die Erfindung des jüdischen Volkes. Israels Gründungsmythos auf dem Prüfstand.", Propyläen Verlag, Berlin 2010.

kritischen politischen Haltung zum Staat Israel, verletzt also das Gebot wissenschaftlicher Objektivität und der ergebnisoffenen Forschung, indem er aus der Fülle historischer und archäologischer Quellen nur diejenigen verwertet, die seine Thesen vermeintlich stützen.

Die Chasaren-Theorie ist unter anderem deshalb wenig glaubwürdig, weil die einst von allen osteuropäischen Juden gesprochene Sprache Jiddisch aus deutschen, hebräischen und slawischen Sprachelementen besteht. Chasarische, also Turksprachen-Elemente sind dagegen in Jiddisch nicht nachweisbar[19]. Die Chasaren-Theorie wird heute bereitwillig von Arabern aufgegriffen, die damit beweisen wollen, dass Juden im Nahen Osten, also im heutigen Israel, nichts zu suchen haben, weil sie nicht von dort stammen.

Und hier die Antwort von Dr. Jürgen Sänger:

09.05.2008

Dr. Jürgen Sänger

Sehr geehrter Herr Dr. Kaule,

„Antisemitismus" ist in der Tat eine falsche Wortbildung. Aber die Bezeichnung hat sich eingebürgert. Man versteht darunter Abneigung und Feindschaft gegen die Juden. Die Vorstellung, die Juden würden von den Chasaren abstammen, ist eine nicht belastbare Hypothese. Ich halte den Antisemitismus für eine Neurose.

Ich erkenne die Existenzberechtigung des Staates Israel an. Ich verwerfe den grausamen islamischen Partisanenkrieg mit den Selbstmordattentaten. Israel hat eine außerordentliche wertvolle Arbeit zum Aufbau und zur

---

19 Die kleine Gruppe von „Bergjuden" aus dem Kaukasus stammt vermutlich aus Persien, Sie sprechen in einem persischen Dialekt, der ebenfalls keine Turksprache ist. Lediglich ein Teil der einige Tausend Menschen zählenden jüdischen Gruppe der Karäer kommunizierte in einer Turksprache. Die Herkunft der Karäer, ist ungeklärt.

Entwicklung des Landes geleistet. Diese Leistungen kommen auch den Arabern zugute.

Ihre Schilderung der Situation in Israel ist einseitig. Ich mache mir nicht die Mühe, Ihre Sicht zu widerlegen. Auf jeden Fall muss Unrecht Unrecht genannt werden. Es wäre erforderlich, Ihre Behauptungen einzeln zu untersuchen, was allerdings ziemlich mühsam ist. Die von Ihnen erwähnte Mauer wurde errichtet, um die Bevölkerung vor Mordanschlägen zu schützen.

In der Tat bin ich Christ. Ich bin davon überzeugt, dass der Gott Israels Himmel und Erde erschaffen hat. Dieser Gott hat mit Israel Bündnisse geschlossen. In der Staatsgründung Israels sehe ich die Erfüllung alttestamentlicher Verheißungen. Das Wort „Wer die Juden antastet, der tastet Gottes Augapfel an" hat Gott, der Herr der Geschichte, durch den Propheten Sacharja gesprochen.

Ich verschließe meine Augen nicht davor, dass die Juden immer wieder Gott ungehorsam waren bis hin zur Kreuzigung des jüdischen Messias Jesus. Auch heute werden in Israel Juden, die an den Messias Jeschua glauben, von den orthodoxen Juden verfolgt, was Unrecht ist. Es hat jedoch immer Juden gegeben, die an den Gott Israels glaubten. Pauschalurteile sind immer falsch.

Ihre Äußerungen verdeutlichen, dass die Feindschaft gegen die Juden letztlich Feindschaft gegen den Gott Israels ist. Meine Sorge ist, dass die Antisemiten wiederum Unheil über Deutschland bringen, wie damals die Nationalsozialisten. Die Judenfeindlichkeit fördert die Islamisierung Deutschlands. In Deutschland entsteht ein islamischer Zweitstaat, der bereits über Hunderte von türkischen Beamten verfügt und auch schon eine eigene Flagge hat. Aus demographischen Gründen muss ab 2035 mit einem islamischen Bundeskanzler gerechnet werden.

Mit freundlichen Grüßen

Dr. Jürgen Sänger
PS: Kopien an Verteiler

Man muss mit der Auslegung der Worte des alttestamentarischen Propheten Sacharja nicht unbedingt einverstanden sein, um Dr. Jürgen Sänger, der sich angesichts der Hasstiraden von Dr. Günter Kaule im Ton sehr zurückgehalten hat, zuzustimmen. Und man kann Israel auch dann unterstützen, wenn man seine Existenz nicht als die Erfüllung eines göttlichen Plans ansieht. Ob die „messianischen Juden", die an Jesus als den auf die Erde bereits gekommenen Messias glauben, als Juden oder eher als fundamentalistische Christen anzusehen sind, ist ein anderes Thema.

Wer nirgendwo Antisemiten sieht, ist meist selber einer

Die pseudointellektuelle Argumentation von Dr. Günter Kaule konnte ich nicht unbeantwortet lassen. Also schaltete ich mich in die Auseinandersetzung mit dem folgenden Text ein:

10.05.2008
Gabriel Berger

Bravo Herr Dr. Sänger!

Zwar bin ich, das gebe ich zu, oft nicht Ihrer Meinung, da ich selbst Jude, aber nicht konfessionell bin. Jetzt muss ich Ihnen aber vorbehaltlos Recht geben. Denn eines muss ich aus eigener Erfahrung feststellen:

Menschen, die wie Günter Kaule nirgendwo Antisemiten sehen, sind meist selber solche und legen sich, um nicht zu moralischen Outsidern abgestempelt zu werden sowie als Rechtfertigung vor sich selbst, abstruse Theorien zurecht, die keiner empirischen Prüfung standhalten. Das ist aber für Antisemiten ohne Bedeu-

*Die Worte von Herrn Günter Kaule triefen übrigens
von falschen, ich möchte sagen fehlgeleiteten, Emotionen. Und jemand, der ohne einen persönlichen Bezug
zu Israel und zu den Juden so heftig reagiert, entlarvt
sich unbewusst als ein Antisemit. Denn es gibt in der
Welt einige Dutzend weit schlimmere und blutigere
Konflikte als den israelisch-palästinensischen. Die
emotionale Überhöhung dieses Konfliktes gegenüber
anderen in der Welt zeichnet Antisemiten aus, die aufgrund ihrer psychopathologischen Fixierung auf die Juden als das Grundübel der Welt, sowie auf Israel als ihr
Teufelswerk, blind für die realen Konflikte und Probleme dieser Welt werden.*

In diesem Sinne, vielen Dank für Ihre Haltung.

Grüße

Gabriel Berger

Die Antwort von Günter Kaule auf das Schreiben von Dr. Jürgen Sänger ließ nicht lange auf sich warten. Man muss aber viel Energie und Geduld aufbringen, um seinen langatmigen Brief zu lesen, dessen Detailverliebtheit ganz die Obsession des Verfassers für die jüdische Thematik belegt. Wo auch immer in der Welt Missstände auftreten, deren Urheber sind nach Günter Kaules Meinung immer die Juden.

11.05.2008
Günter Kaule

Betreff: "Antisemitismus", das gibt es (fast) nicht

Sehr geehrter Herr Sänger.,

*na, das geht doch ein wenig zu weit, mich jetzt in die
Nähe der Antisemiten zu stellen!*

Das Konzept, "Antisemitismus" herbei zu definieren, leuchtet mir nicht ein.

Abgesehen davon, dass der Begriff selber unsinnig ist. Es gibt, ich habe es schon gesagt, kaum Menschen, die die Juden nicht mögen, weil diese (angeblich) hässliche Krummnasen haben, Zwiebeln essen, Plattfüße haben und Körpergeruch aufweisen. Das wäre jenes irrationale Vorurteil, das Sie meinen. Und, vielleicht Fremdenfeindlichkeit.

Es stimmt schon, dass "die Juden" abgelehnt werden, aber nicht wirklich als Gesamtvolk, und, aus durchaus rationalen Motiven. Es kann sein, dass diese rationale Ablehnung dann zuweilen in die obige Karikatur gekleidet erscheint.

Einer der rationalen Gründe, "die Juden" abzulehnen, ist die Kritik am Genozid der Zionisten in Israel. Eine sehr rationale Ablehnung. Sie bezieht sich allerdings auf die kleine, aber überaus mächtige und radikale Minderheit der militanten Zionisten und jüdischen Imperialisten, eben nicht auf "die Juden" im Allgemeinen. Gewichtige Einwände machen die humanistisch Gesinnten auch gegen die geradezu unfassbare Hybris des Judaismus, der Ideologie, die die völkermörderische Praxis der Zionisten als "gottgewollt" und "gottgefällig" darstellt, da ja den Juden jede Untat gestattet ist, sofern sie sich bloß auf ihren Glauben berufen. Sehr praktisch. Für die Juden, die Anhänger dieser Irrlehre sind, sind nur die Juden selbst Menschen, die übrigen gelten als Vieh (Sie auch), die 10 Gebote haben nur Gültigkeit unter den Juden selbst, Ungläubige soll man betrügen, töten, versklaven.

Eine andere Art der Ablehnung ist jene der Hochfinanz. Klar, dass z.B. die im Eigentum jüdischer Banken stehende FED (die US-Bundesbank) für ihre Eigentümer unermessliche Profite erwirtschaftet, die eben von anderen aufgebracht werden müssen. Das gefällt allen jenen nicht, die die Zusammenhänge begreifen. Die

Globalisierung, die Verarmung der Bevölkerung, der
Ausverkauf der Infrastruktur, der Betrug an den Klein-
aktionären der Telekom (Aron Sommer, überraschend
abgereist nach Israel), all das macht die jüdisch domi-
nierte Hochfinanz nicht so recht beliebt. Aber wieder
muss man sagen: "Die Juden" gehören nicht zur Hochfinanz, selbst wenn richtig ist, dass die Hochfinanz jüdisch dominiert ist.

Ein dritter rationaler Grund, "die Juden" abzulehnen, ist
das Auftreten einer großen Zahl von Einzelpersönlichkeiten, die auf Kosten und zum Nachteil der Allge-
meinheit leben. Als erstes Beispiel fällt mir DOV ZAK-
HEIM[20] ein, der "Chefcontroller" des Pentagon. Er sollte ja doch eigentlich dafür sorgen, dass der Haushalt
dieses wahnsinnig aufgeblähten Ministeriums ausge-
glichen bleibt. Nun, 2001 musste das Pentagon zugeben, dass 3 Billionen Dollar in den Kassen fehlen (legen
Sie mich auf ein paar hundert Milliarden nicht fest, ich
zitiere aus dem Gedächtnis). Damit meine ich nicht
"Milliarden", sondern 3000 Milliarden Dollar. Das Pentagon teilte dem Steuerzahler mit, es wisse einfach
nicht, wohin das Geld gegangen sei.

Zakheim war (Doppelstaatsbürgerschaft) Bürger von
Israel. 3 Billionen, das ist eine Menge Geld, nicht wahr.
So viel, daß das Vorstellungsvermögen versagt. Man
hätte davon (wenn ich richtig rechne) jedem US-
Steuerzahler ein volles Jahresgehalt schenken können,
der Betrag entspricht dem 8-fachen Jahresetat des
Ministeriums! Der Betrag übersteigt die hohen Devi-

---

20 Der hier verwendeten üblichen Unterstellung, die „jüdische
   Lobby" beeinflusse oder diktiere gar die US-amerikanische
   Politik, wird von kompetenter Seite widersprochen. Es sei
   vielmehr umgekehrt: Die Haltung der „jüdischen Lobby"
   werde vielmehr maßgeblich von der US-Regierung beeinflusst.
   Quelle: http://www.voltairenet.org/article188490.html.

senreserven von China um das Doppelte oder Dreifache.

Die Angelegenheit wurde ein wenig untersucht, die Akten lagerten in einem Flügel des Pentagon und im Gebäude Nr. 7 des WTC. Erstaunlicherweise wurden genau diese beiden Gebäude in sehr aufklärungsbedürftiger Weise am 11.9.2001 zerstört. Die Akten wurden vernichtet, die US-Justiz sah sich(erstaunlicherweise!) nicht in der Lage, die Untersuchung einfach zu wiederholen. Und jetzt kommt's: Zakheim blieb "Chefcontroller", und einige Jahre darauf waren dem Pentagon in gleich unerklärlicher Weise wieder 2 BILLIONEN Dollar abhanden gekommen!!

Mittlerweile lebt Zakheim als sehr geachteter Mitbürger in Israel, bestimmt hat er dem Staat so manches Gute getan. Eigentlich nimmt niemand an, Herr Zakheim hätte das Geld für sich persönlich verbraucht. Niemand kann solche Summen ausgeben. Schließlich könnte man davon 2 x 300.000 stattliche Luxusanwesen zu je 10 Millionen $ erstehen, oder etwa ganz Frankfurt plus Wiesbaden plus München plus Köln aufkaufen.

Kennen Sie das "Fremdrentengesetz"?? Nach diesem Gesetz konnte jeder Staatsbürger Israels (jeder, nicht solche, die "verfolgt" waren, auch Palästinenser, Junge, Alte, einfach jeder) gegen einen geringen Anfangsbeitrag eine lebenslange Rente von der BfA erwerben. Unter den vielen Merkwürdigkeiten dieses Problemkreises ein Schmankerl. Drei jüdische Anwälte (einer in der BRD) haben sich   die Gelder unter den Nagel gerissen, die BfA hat bezahlt, die Einzahler gingen leer aus. Ähnliches beschreibt Finkelstein für die gewaltigen Wiedergutmachungsgelder, die die BRD unter wechselnden Begründungen immer wieder an die Judenheit bezahlt hat: der kleine jüdische Privatmann guckte zumeist durch die Röhre. Hier hatte dann ein Jude sogar gegen die jüdische Lesart der 10 Gebote verstoßen.

Bernard Baruch, der Hauptautor der Versailler "Verträge" erscheint auch sehr vielen höchst kritikwürdig.

Chertoff, der gegenwärtig die Konzentrationslager für die Amerikaner baut (auch Doppelstaatsbürger) und die Bevölkerung überwacht, daß ein Orwell blass würde, macht die Gruppe der mächtigen Bösewichte auch nicht beliebter.

Ich erinnere mich auch an den (vergleichsweise) kleinen Fisch, den Frankfurter Drogen- und Bordellkönig Katz (ebenfalls Doppelstaatsbürger), bloß ein kleiner Milliardär, der nach langem Zuwarten und Verschonen endlich doch verhaftet werden sollte, aber in letzter Stunde nach Israel ausgereist ist.

Ich erinnere mich an die Gruppe der Angehörigen der Hochfinanz in Russland, die (mit ehrenhaften Methoden?) sich aus der Konkursmasse der SU in wenigen Jährchen riesige Milliardenkonzerne erwirtschafteten, erstaunlicherweise von null angefangen! Ich erinnere mich auch daran, daß der Großteil der US-Mafia eben nicht Italiener waren, sondern Juden.

Die Liste der großen jüdischen Schurken könnte ich beliebig verlängern, aber es wird schon klar, Einzelpersönlichkeiten sind nicht die Masse des Volkes und es wäre ungerecht, daraus auf allgemeine Eigenschaften der Juden schließen zu wollen und nun "die Juden" zu hassen. Man hasst ja auch nicht die Italiener oder Albaner, weil gewisse Leute uns als Mafia ausrauben, sondern man kritisiert den italienischen Staat wegen seines Unrechts in Südtirol.

Aber genau dieses tut ja eben auch kein Mensch!! Es gibt viele gewichtige rationale Einwände gegen bestimmte jüdische Gruppen oder Einzelpersönlichkeiten. Aber ein Intellektueller wie Gerard Menuhin, oder Jascha Heifetz, oder Rostropowitsch, genauso Juden wie Chertoff oder Katz oder Zakheim wird freundlich *und mit Sympathie aufgenommen! Das Gleiche gilt für den Wiener Oberrabbiner Friedmann, der Wahrheiten über die H.-These[21] vertrat, für die jeder andere für viele Jahre hinter Gitter gekommen wäre.*

Oder den Industriellen Freedmann aus N.Y., der die verbrecherischen Machenschaften der Organisatoren der Weltjudenheit beim Namen nannte (den Text kann ich Ihnen gerne zusenden!) Wer Gegner oder Feind "der Juden" ist, ist in Wahrheit Feind von Megabetrügern wie Zakheim, Katz, Mega-Schurken wie Chertoff oder Baruch, Feind der völkerzerstörenden Hochfinanz, Feind der grauenvoll grausamen und menschenverachtenden zionistischen Eroberer.

Freundliche Grüße

Günther Kaule

Jeder Antisemit kennt einen guten Juden

Sowie es unter Juden üblich ist, jeden Musiker, Wissenschaftler, Literaten, Künstler oder Politiker darauf abzuklopfen, ob er „amchu", „einer von uns" also ein Jude sei oder wenigstens jüdische Vorfahren hat, um auf dessen Leistung stolz sein zu können, so untersuchen Antisemiten jeden Geldmagnaten, Unternehmer oder Politiker auf jüdische Wurzeln, um seine Verstrickung in

---

21 Gemeint ist Mosche Friedmanns Behauptung, der Holocaust sei von Zionisten selbst verschuldet gewesen. Sie hätten mit den Nazis kollaboriert und sie sogar finanziert, um eine Massenansiedlung von Juden in Palästina und die Vertreibung von Arabern zu provozieren. Diese Thesen vertrat er auf der Holocaust-Konferenz in Teheran am 11.12.2006.
(http://www.zundelsite.org/ assets/061216_ friedman.html)

krumme Geschäfte und in die jüdische Weltverschwörung zu belegen sowie um seine verachtungswürdigen
Charaktereigenschaften zu begründen. Ich erwarte von
den Lesern dieses Textes nicht, die vielen von Günter
Kaule genannten Namen von „jüdischen Bösewichten" zu
kennen, die auch ich größtenteils nicht kenne. Er hat sie
angeführt, um sich als kompetenter Kenner der Materie
auszuweisen, belegt aber mit der selektiven Auswahl der
Fakten und deren tendenzieller Interpretation lediglich
seine antijüdische Obsession, sowie die Tatsache, dass
allein durch Wissen dem Antisemitismus nicht beizukommen ist.

Günter Kaule meint im Ernst, es gebe in Deutschland
keinen Antisemitismus und die Ablehnung der Juden be-
ziehe sich gerechterweise lediglich auf die jüdische
Hochfinanz und jüdische organisierte Kriminalität. Dann
hat er vermutlich in Deutschland noch nie die bewaffne-
ten Polizeiposten vor den Synagogen, jüdischen Schulen
und Kindergärten gesehen, die nicht unbedingt von Vertretern der jüdischen Hochfinanz frequentiert werden.

Laut Günter Kaule gibt es nicht gute und schlechte Menschen, sondern gute und schlechte Juden, wobei die guten Juden in seinen Betrachtungen kaum Platz finden. In
diesem Sinne argumentierten auch die Nazis, von denen
viele einen „guten Juden" im Bekanntenkreis schützten
und die restlichen Juden ins Gas schickten[22]. Außerdem
gehört die den jüdischen Unternehmern als Mentalität
zugesprochene Geldgier heute weltweit zur Tugend
erfolgreicher Banker und Manager, von denen nur ein

---

22 Selbst Adolf Hitler hatte einen „guten Juden" geschützt.
Das war der Hausarzt seiner Mutter Eduard Bloch, der von
Restriktionen und Berufsverboten der nationalsozialistischen Machthaber gegenüber jüdischen Ärzten verschont
wurde. Da er dennoch den Nazis misstraute, emigrierte er
1940 in die USA.

winziger Prozentsatz jüdische Wurzeln hat. Günter Kaules Angriffe auf die vermeintlich besonders perfiden, reichen Juden entsprechen exakt dem klassischen antimodernistischen Antisemitismus des 19. Jahrhundert, der den Kapitalismus als eine jüdische Erfindung betrachtete und sich damit sozial engagiert und volksverbunden gab, zugleich aber national. Vom Ende des 19. Jahrhundert stammt auch der August Bebel zugeschriebene Satz *„der Antisemitismus ist der Sozialismus der dummen Kerle"*. Der Antikapitalismus galt den Nationalsozialisten neben dem Antibolschewismus als eine der Begründungen für ihren angeblich sozial motivierten Antisemitismus.[23] Sie bekämpften neben den „jüdischen Bolschewisten" die „jüdischen Kapitalisten" als schlimme Ausbeuter. Die „deutschen Kapitalisten" dagegen galten den Nazis nicht als Ausbeuter und wurden folglich nicht bekämpft. Auch in den heutigen antikapitalistischen Bewegungen, wie etwa ATTAC, schwingen verdeckt oder offen antisemitische Ressentiments mit.[24]

Die von Juden angeblich angezettelte weltweite Verschwörung ist natürlich keine Erfindung von Dr. Günter Kaule. Wir kennen sie aus den *„Protokollen der Weisen von Zion"*, einem Ende des 19. Jahrhunderts von der russischen Geheimpolizei fabrizierten antisemitischen Pamphlet, das schon Hitler Argumente für seinen antijüdischen Wahn geliefert hatte und von ihm in „Mein

---

23 Kürzlich hat der Präsident der palästinensischen Autonomie Mahmud Abbas öffentlich geäußert, der Holocaust sei eine Reaktion auf die Geschäftspraktiken der Juden, also von Juden selbstverschuldet gewesen. Diese These hatte er bereits früher, in seiner Doktorarbeit, vertreten.
24 Siehe z. B. Gerhard Hanloser, Attac, Globalisierungskritik und „struktureller Antisemitismus", **Fehler! Hyperlink-Referenz ungültig.** quellen/ antisemitstrukt.html.

Kampf" ausgiebig zitiert wurde. Obwohl Hitler selbst von der Echtheit der „Protokolle" nicht überzeugt war, sah er deren antisemitischen Inhalt als überzeugend an.[25]

Dass jeder israelische Staatsbürger nach dem Fremdrentengesetz der Bundesrepublik Deutschland eine deutsche Rente beansprucht, ist ein weiteres Fantasieprodukt des Günter Kaule. Wenn es so wäre, würden nicht jüdische Hilfsorganisationen Alarm schlagen, wegen der menschenunwürdig niedrigen Renten unterhalb des Existenzminimums, die zahlreiche Holocaustüberlebende in Israel beziehen. Selbst in Westdeutschland nach dem Krieg lebende Juden erhielten für die Jahre der Verfolgung und den Verlust von Nächsten, wenn überhaupt, erst nach entwürdigenden Befragungen vergleichsweise bescheidene Entschädigungszahlungen oder Entschädigungsrenten.[26]

Im Übrigen hat der vermeintlich so hoch gebildete Dr. Günter Kaule eine gravierende Wissenslücke offenbart, die ihn zu völlig absurden antijüdischen und antiamerikanischen Einlassungen verleitet hat. Unter „Billion" verstehen die Amerikaner eine deutsche Milliarde und nicht, wie Dr. Kaule behauptete, 1000 Milliarden. Wer das nicht weiß tituliert sich zu Unrecht als „Doktor" und erst recht als „Ingenieur". Und wem solche gravierenden Versehen unterlaufen, der verrät damit, dass er nur passende Argumente zu einer vorgefassten Meinung zusammensucht. Genau das ist aber die Definition für ein Vorurteil.

---

25 Siehe Herrmann Rausching, Gespräche mit Hitler, Europa Verlag, Zürich 2005.

26 In der DDR dagegen wurden an jüdische Überlebende zwar keine Entschädigungen, wohl aber seit Ende der fünfziger Jahre vergleichsweise hohe Renten gezahlt, die allerdings ein politisches Wohlverhalten der Empfänger im Sinne des Staates zur Voraussetzung hatten.

„Unersättlich. Ein Volk zu knechten liegt dem Juden fern.
Er hat die ganze Welt zum Fressen gern"
Karikatur aus dem antisemitischen Hetzblatt „Der Stürmer"[27],
Herausgeber: Julius Streicher

---

27 Der Stürmer war eine 1923 von Julius Streicher in Nürnberg gegründete und herausgegebene antisemitische Wochenzeitung, die am 2. Februar 1945 letztmals erschien. Sie bediente sich einer besonders hetzerischen Sprache und zeichnete sich durch drastische Schilderungen von sogenannten „Rassendelikten", pornographische Berichte, Bilder und Karikaturen aus. Die Zeitung war keine offizielle NS-Publikation, sondern Streichers Privatbesitz. Julius Streicher wurde 1946 in Nürnberg wegen Verbrechen gegen die Menschlichkeit zum Tod durch den Strang verurteilt und hingerichtet.

Antwort von Dr. Jürgen Sänger an Dr. Kaule:

12.05.2008

Dr. Jürgen Sänger

Sehr geehrter Herr Dr. Kaule,

ich halte das ganze Thema nicht für allzu schwierig. Wir sollten uns darauf einigen, dass Pauschalurteile abzulehnen sind: "Die Deutschen sind ..." und "Die Juden sind ..."

Leider gibt es überall auf der Welt bei Verantwortungsträgern Fehlverhalten, unter dem andere Menschen leiden müssen. Solches Fehlverhalten gibt es auch bei den Juden. Ich meine, dass wir uns mit dem Fehlverhalten von Verantwortungsträgern sachlich auseinandersetzen müssen, einfach aus Mitleid mit den Menschen, die darunter leiden.

Dabei müssen wir uns bemühen, möglichst sachliche Informationen zu erhalten.

Auf jeden Fall darf die freie Meinungsäußerung nicht behindert werden.

Mit freundlichen Grüßen

Jürgen Sänger

Die unpolemisch und scheinbar neutral gehaltene Antwort von Dr. Jürgen Sänger suggeriert allerdings, dass Dr. Günter Kaule in seiner Mail diskussionswürdige Missstände aufgezeigt hat. Wer aber die vermeintlichen Untaten ausschließlich den Juden anlastet und sie dabei in so geballter Form und unerträglich emotional überhöht darlegt, obwohl er persönlich in die beschriebenen Vorgänge kaum involviert ist, schreibt weniger über die Juden als über sich selbst.

Sind die Juden vielleicht doch auserwählt?

Und hier meine Reaktion auf das Schreiben von Günter Kaule, die ich an Herrn Dr. Jürgen Sänger übersandte:

15.05.2008
Gabriel Berger

Betreff: Re: AW: "Antisemitismus", das gibt es (fast) nicht.

Sehr geehrter Herr Dr. Sänger,

bei der Vielzahl von "Schädlingen", die Herr Kaule hier angeführt hat, ist es ein Leichtes ihn der Einseitigkeit zu überführen.

Ich frage mich: Wenn Herr Kaule ein so großer Experte in Sachen Juden und Judentum ist, warum ist er nicht darauf eingegangen, wie hoch der Anteil an Juden unter den Nobelpreisträgern ist[28]? Ist es ihm nicht aufgefallen, wie viele weltbekannte Musiker, Wissenschaftler, Ärzte, Literaten, Philosophen Juden waren und sind? Dass in Berlin vor 1933 etwa 50% der Ärzte und 30% der Juristen Juden waren? Ist das auch eine Verschwörung?

Was Herr Kaule hier präsentiert ist eine typische selektive Wahrnehmung von Verschwörungstheoretikern, wobei viele seiner Behauptungen ganz sicher der genauen Prüfung nicht standhalten würden. Natürlich ist ein Volk oder eine Volksgruppe, die imstande ist, die weltbesten Wissenschaftler, Musiker, Künstler, Philosophen hervorzubringen, ebenso in der Lage die erfolgreichsten Gangster und Betrüger zu liefern. Und was folgt daraus? Ist Herr Kaule vielleicht neidisch? Will er die Juden dafür nun ausrotten oder sie lieben?

Menschen, die solche Gedanken wie Herr Kaule zwanghaft produzieren, sind nun mal Paranoiker, die sich von lauter allmächtigen Juden umgeben sehen.

Eine ketzerische Frage zum Abschluss: Wenn die Juden

---

28 Die Juden machen etwa 0,2% der Weltbevölkerung aus, haben aber von 1901 bis 2017 23% aller Nobelpreise weltweit erhalten. Im 21. Jahrhundert waren es bis jetzt 26% aller Nobelpreise. Quelle: http://juedischerundschau.de/das-juedische-nobelpreis-wunder-135911133/.

im Guten wie im Bösen so genial sind, dann sind sie vielleicht doch das "auserwählte Volk"? Hat nicht Hitler einmal gesagt, es könne nicht zwei auserwählte Völker geben, weswegen eines von ihnen, natürlich die Juden, zu vernichten sei? Im Umkehrschluss kann man folgern, dass diejenigen Deutschen, die so wie Herr Kaule argumentieren, im Hinterkopf immer noch die Idee vom auserwählten deutschen Volk haben, das nur durch die Konkurrenz der Juden an der vollen Entfaltung gehindert wird.

Mit freundlichen Grüßen

Gabriel Berger

Auf mein Schreiben antwortete Dr. Jürgen Sänger erwartungsgemäß zustimmend:

16.05.2008

Dr. Jürgen Sänger, Diplomchemiker

Sehr geehrter Herr Berger,

sie sprechen genau den Punkt an, gegen den ich mich wehre: die Pauschalisierungen. Ich halte es für unbedingt nötig, in Deutschland diesen Geist der Pauschalisierung zu überwinden.

Ich meine, dass man von einem Akademiker wie Herrn Dr. Kaule zumindest das Bemühen um Objektivität erwarten muss.

Mit freundlichen Grüßen

Jürgen Sänger

Es geht aber nicht um den von Dr. Jürgen Sänger so harmlos beschriebenen „Geist der Pauschalisierung", der über Deutschland schwebt, sondern um den Ungeist des Antisemitismus.

Die blutrünstigen Israelis

Dr. Günter Kaule stellte nun seine Korrespondenz mit dem aus seiner Sicht unbelehrbaren Dr. Jürgen Sänger ein, vielleicht auch als Reaktion auf mein Schreiben, das

Dr. Sänger an ihn weitergeleitet hatte. Jetzt erhielt aber Dr. Sänger eine noch radikalere antijüdische und pro-palästinensische Zuschrift aus Norwegen:

Randulf J. Olafson (Diplomingenieur) Norwegen

Hier Herr Dr. Sänger haben Sie ihre verdammten Juden. Spielt keine Rolle wo sie leben, Israel oder sonst wo.

Quelle: Al-Ahram Weekly, Haaretz

"Alle Palästinenser müssen getötet werden Frauen, Kinder, selbst ihr Vieh"

Hier Lieber Herr Dr Sänger haben Sie Ihre verdammten Juden. So sind sie, Lesen Sie jetzt und dann sagen Sie uns die Wahrheit über die Juden Israels und sonst wo.

April 13, 2008 By: fabik Category: Israel, Nachrichten, Siedler & Siedlungen

In einem von der israelischen Tageszeitung Haaretz veröffentlichten und in Israel viel beachteten Artikel rief der israelische Rabbiner Yisrael Rosen am 26.März zum Völkermord an den Palästinensern auf. Rosen, welcher dem religiösen Tsomet-Institut vorsteht, vertritt in dem Artikel die Meinung, die Torah legitimiere indirekt die Vernichtung der Palästinenser. Zahlreiche bedeutende israelische Rabbiner stimmten Rosens Meinung zu.

In seinem Gutachten vergleicht Yisrael Rosen die Palästinenser mit dem Volk der Amalekiter, die nach jüdischer Überlieferung israelitische Stämme nach ihrer Flucht aus Ägypten angriffen. Rosen schreibt, dass Gott die Tötung der Amalekiten in der Thora legitimiert habe und dass dies zum Bestandteil jüdischer Rechtssprechung geworden sei.

Rosen bezeichnet die Amalekiten nicht als bestimmtes Volk oder Religionsgemeinschaft. Stattdessen gebe es zu jeder Zeit Amalekiten, welche in anderen Rassen er-

scheinen, um die Juden anzugreifen und deshalb muss der Krieg gegen sie global sein.

Die Palästinenser, so Rosen, seien die Amalekiten dieser Zeit. Jene, die Studenten töten, während diese die Thora rezitieren und Raketen auf die Stadt Sderot schießen, Terror in den Herzen von Männern und Frauen verbreiten. Jene, die auf Blut tanzen, sind Amalekiten und wir müssen mit Gegen-Hass antworten. Wir müssen jede Spur von Humanität entwurzeln, wenn wir uns mit ihnen befassen, sodass wir erfolgreich hervorgehen.

Rosen fordert Juden auf, nach folgendem Thora-Zitat zu handeln und es zum Bestandteil heutiger Rechtssprechung zu machen: Vernichtet die Amalekiten vom Anfang bis zum Ende. Tötet sie und entreißt ihnen ihren Besitz. Zeigt keine Gnade. Tötet unaufhörlich, einen nach dem anderen. Last kein Kind, keine Pflanze oder Baum zurück. Tötet ihr Tier, von Kamelen bis Eseln.

Mehrere israelische Rabbiner stimmten der Meinung Rosens zu. Unter den Unterstützern befinden sich u.a. Mordechai Eliyahu, einer der führenden israelischen Oberrabiner, der Präsident des Rabbinerrates von Judäa und Samaria (dem Westjordanland) Dov Lior, sowie der Oberrabbiner der Stadt Safed und Kandidat für den Posten des israelischer Oberrabiners Shmuel Eliyahu. Auch einige israelische Politiker stimmten Rosen zu, unter ihnen z.B. der Vorsitzende der Jerusalemer Stadtverwaltung Ori Lubiansky.

Israelische Rabbiner machen immer wieder durch rassistische und menschenverachtende Gutachten auf sich aufmerksam. Erst kürzlich veröffentlichte der Rabbiner Israel Ariel ein religiöses Gutachten, welches es verbietet, Juden, welche Palästinenser angegriffen hatten, vor israelischen Gerichten anzuklagen. Israel Ariel zählt zu den prominentesten Rabbinern in der israelischen Siedlerbewegung.

Randulf J. Olafson.

Da haben wir es: Die blutrünstigen Hebräer führen heute mit alttestamentarischer Grausamkeit einen Ausrottungsfeldzug gegen die friedfertigen Palästinenser und die Gegner Israels in der ganzen Welt. Der Autor dieser Äußerungen würde entschieden bestreiten, sich antisemitisch geäußert zu haben. Man wird doch Mitleid mit den Palästinensern haben und Israel kritisieren dürfen! Und da soll noch jemand sagen, Antisemiten seien Menschen, die von Juden nichts wüssten. Ganz im Gegenteil. Ihrer Obsession folgend knien sie sich tief in die Literatur über das Judentum und die jüdische Geschichte hinein, interpretieren sie aber gemäß ihrer vorgefassten Meinung und ihrer Vorurteile.

Das Internet liefert uns heute die Möglichkeit, Olafsons Einlassungen zu prüfen. Sie beziehen sich auf einen Beitrag in Haarez *„Ein Amalek in unserer Zeit?"* vom 26. März 2008[29]:

> *Rabbi Rosen sagte: "Diejenigen, die Thora lesende Schüler töten, die, die Kassams[30] wahllos auf Männer, Frauen, Alt und Jung, Babys und Säuglinge regnen lassen - diejenigen, die die Zerstörung Israels herbeirufen und auf dem Blut tanzen, sind Amalek in unserem Generation. Nur mit Feindseligkeit und durch die Überwindung unserer menschlichen Gefühle, die dem entgegenstehen, werden wir sie besiegen. "*

Mit der Benennung der Amalek bezieht sich Rabbiner Rosen auf einen Text in der Thora, der den Befehl des Propheten Samuel an König David zum Inhalt hat: *„Nun geh und schlag Amalek und zerstöre alles, was sie haben, und verschone sie nicht; und töte beide Mann und Frau, Säugling und Säugling, Ochsen und Schafe, Kamel und*

---

29 https://www.haaretz.com/1.5010783.
30 Gemeint sind Kassam-Raketen, die aus Gaza nach Israel abgefeuert wurden.

Esel "(I Samuel 15: 3). Als Amalek der Gegenwart werden in dem Beitrag in Haarez die palästinensischen Terroristen genannt, die Anschläge in Israel verüben, wobei aber in der Diskussion israelischer Rabbiner in Frage gestellt wird, ob der alttestamentarische Befehl heute wörtlich zu nehmen ist. Ganz anders stellt es Olafson dar.

Antwort von Dr. Jürgen Sänger an Randulf Olafson:

17.05.2008

Dr. Jürgen Sänger

Sehr geehrter Herr Olafson,

Pauschalurteile sind immer falsch. Ich wehre mich gegen eine pauschale Verurteilung der Juden.

Ich unterstelle, dass der Bericht über den Rabbiner Rosen, den Sie geschickt haben, den Tatsachen entspricht. Die Einstellung dieses Rabbiners ist ebenso verwerflich wie der Antisemitismus der Nationalsozialisten. Auch dieser Rabbiner fällt unzulässige Pauschalurteile.

Aus meiner Sicht ist Rosen kein echtes Mitglied des Volkes Israel. Der Jude Jesus ist Gottes Sohn und hat **mit dem Volk Israel ein neues Bündnis geschlossen,** *das nicht auf Rache und Vergeltung fußt, sondern auf Vergebung und Nächstenliebe. Es ist außerordentlich bedrückend, daß etliche Rabbiner ihrem eigenen Volk sehr schaden und eigentlich ein parasitäres Verhalten zeigen. Auch ist zu beobachten, daß in Israel orthodoxe Rabbiner Juden verfolgen, die an den jüdischen Messias Jeschua glauben.* **Die Juden- und Christenverfolgung in Israel muss unbedingt beendet werden.**

Das Verhalten des Rabbiners Rosen ist auch deshalb besonders problematisch, weil er Wasser auf die Mühle der Antisemiten in Deutschland gießt. Der Antisemitismus wird in Deutschland politisch unterdrückt und hat sich deshalb ein Ventil im Antiisraelismus geschaffen. Israel wäre gut beraten, wenn es Personen wie Rabbiner Rosen keine öffentliche Stimme geben würde.

Ich bezeichne mich als einen Freund der Juden. Ich hatte im Herbst 1985 an einem Schweigemarsch von einigen tausend Christen von der Nürnberger Lorenzkirche zum Reichsparteitaggelände zum Gedächtnis an die berüchtigten Nürnberger Gesetze teilgenommen.

Mit freundlichen Grüßen

Jürgen Sänger

PS: Kopien an Verteiler

Über die von Dr. Jürgen Sänger wiederholt erwähnten Jesus-gläubigen sogenannten „messianischen Juden" kann man geteilter Meinung sein und es erscheint mir fragwürdig, ob man von einer „Christenverfolgung" in Israel sprechen kann. Anzuerkennen ist aber, dass Dr. Jürgen Sänger in dem Disput offensichtlich die Fassung behielt, wie ein Dompteur, der sich souverän unter Raubtiere wagt. Dass er aber ungeprüft Olafsons Urteil über den Rabbiner Rosen übernimmt, lässt an der von ihm herausgestellten Kompetenz als Wissenschaftler ernsthaft zweifeln.

Die Diskussion um den Rabbiner Rosen forderte mich zu einer Stellungnahme heraus. Also schrieb ich an Dr. Jürgen Sänger:

18.05.2008

Gabriel Berger

Betreff: Rabbiner Rosen

Sehr geehrter Herr Dr. Sänger,

mir ist der Rabbiner Rosen persönlich unbekannt.

Sollte es solche Äußerungen auf jüdischer Seite wirklich geben, ist es schlimm genug, noch schlimmer ist es aber, wenn man sie für „typisch jüdisch" erklärt. Sie werden aber verständlich, betrachtet man sie in dem Kontext, in welchem sie geäußert wurden. Ich könnte aber ad hoc ganze Bibliotheken nazistischer Literatur neuen Datums herankarren und diese in dem Sinne interpretieren, das ganze deutsche Volk sei nazistisch verseucht. Vergessen wir nicht, dass es in Deutschland ein Verbot nazistischer Propaganda gibt. Ohne dieses könnte die nazistische Hetze in Deutschland möglicherweise ungeahnte Ausmaße annehmen. Und trotzdem gibt es offen antisemitische Äußerungen, Schändungen von jüdischen Friedhöfen, Revanchegedanken gegenüber Osteuropa, Rachegedanken gegenüber Amerikanern und Engländern wegen des einst verlorenen Krieges, deutsche Allmachtfantasien. Wehe wenn sie losgelassen.

Aggressive Einstellungen auf jüdischer Seite widersprechen der jüdischen Tradition, die sich weniger in einigen martialischen alttestamentarischen Texten widerspiegelt, als in der jahrhundertelang gelebten friedlichen Praxis.

Ich halte es für abwegig, aus alten religiösen Texten auf den Charakter und Geisteszustand von Religionen und Völkern schließen zu wollen. Das ist im Fall des Judentums ebenso falsch, wie im Fall des Christentums oder des Islam.

Was zählt, ist nicht der geschriebene Text, mag er für noch so göttlich gehalten werden, sondern dessen heutige Interpretation und die aus ihr folgenden Handlungen der Gläubigen. Nimmt man die alten religiösen Texte wörtlich, unternimmt man als moderner Mensch eine abenteuerliche Zeitreise in die biblische Zeit und übernimmt kritiklos die damaligen Maßstäbe des Verhaltens und der Moral. Wir müssen aber zur Kenntnis nehmen, dass der Zivilisationsprozess seit Jahrtausenden vorangeschritten ist und wir heute nicht die Gleichen sind wie damals, schon auf Grund unseres breiteren Wissens und der anderen öffentlichen Moral, für deren Bewahrung und Fortentwicklung wir permanent kämpfen müssen. Zugleich müssen wir aber zur Kenntnis nehmen, dass in den wörtlich genommenen religiösen Texten ein ungeheurer Sprengstoff steckt, der die moderne Zivilisation und das friedliche Zusam-

menleben der Menschen bedroht.

Das sehen wir heute tagtäglich auf der islamischen Seite, sei es im Iran, sei es bei der Hamas oder Hisbollah, wo die Suren des Korans zum Verhaltenskodex erklärt werden und sich somit mittelalterliche Gesellschaften mit Handys und moderner Raketenbewaffnung ergeben. Wenn es in Israel Menschen gibt, die eine Gegengewalt als Eindämmung der islamischen Gewalt mittels alttestamentarischer Texte predigen, ist es, bei allem Verständnis für dessen Ursachen, eine kritiklose Übernahme der Denkmuster und der moralischen Maßstäbe des Gegners. Genau das ist aber die größte mögliche Katastrophe, die der Islamismus auch in Europa herbeiführen kann, was sich auch in der Sicherheitsdiskussion in Deutschland heute zeigt. So absurd es klingen mag, Äußerungen, wie die des Rabbiners Rosen, sofern sie korrekt wiedergegeben wurden, sind ein Sieg des Islamismus in Israel. Denn sie demonstrieren eine durch den Islamismus ausgelöste Erosion moderner westlicher Moralvorstellungen. Deren Zusammenbruch würde aber Israel und den Westen auf die Stufe der Islamisten herabfallen lassen und damit Israel und dem Westen die Legitimität rauben.

Mit freundlichen Grüßen

Gabriel Berger

Jahre später bestätigten die Gräuel des IS in Syrien und Irak die Richtigkeit meines damals, im Jahr 2008, vertretenen Standpunktes. Die Meinung zum Rabbiner Rosen habe ich aber anhand gründlicher Recherchen zu seinen Gunsten korrigiert.

Antwort von Dr. Jürgen Sänger:

19.05.2008

Dr. Jürgen Sänger

Sehr geehrter Herr Berger,

wir wissen, dass Pauschalurteile immer falsch sind. Wir müssen uns die Mühe machen, uns mit einzelnen Personen auseinanderzusetzen, die problematische Ansichten vertreten.

Die antisemitische Stimmung in Deutschland ist besorgniserregend. Da antisemitische Äußerungen verboten sind, hat sich aus meiner Sicht der Antisemitismus ein Ventil geschaffen in Gestalt des Antiisraelismus, der heute salonfähig ist. Gegen den Staat Israel darf jeder schimpfen, auch die Präsidenten der Evangelischen Kirche.

Ich bejahe die Existenzberechtigung des Staates Israel voll und ganz. Allerdings sehe ich in der Staatsgründung Israels die Erfüllung alttestamentlicher Verheißungen.

Ich habe eine völlig sachlich gestellte Frage: Kann die Existenzberechtigung des Staates Israel begründet werden ohne den Rückgriff auf alttestamentliche Verheißungen? Ich wäre dankbar für einen Text, der diese Frage beantwortet.

Ich befürchte, dass die Mehrzahl der Deutschen zumindest am Stammtisch behauptet, die Juden hätten den Arabern das Land weggenommen.

Mit freundlichen Grüßen

Jürgen Sänger

Was hätte ich dem an die biblische Verheißung von der Rückkehr des jüdischen Volkes nach Israel glaubenden evangelikalen Christen Dr. Jürgen Sänger wohl antworten können? Wie hätte ich ihn von dem rein weltlichen Recht der Juden auf eine Heimat im heutigen Israel überzeugen können? Und natürlich reagierte er nicht auf

meine auch gegen ihn gerichtete Kritik an allen religiösen Fanatikern, die vor Jahrtausenden geschriebene religiöse Texte heute wörtlich nehmen und zu ihrer Hand-
lungsmaxime erklären.

Ein christlicher Freund Israels spricht Tacheles

Nun reagierte Rolf Peters, zur Abwechslung mal ein
Freund Israels aus der Email-Runde, mit einem etwas
lang geratenen Text über die Geschichte Israels auf die
Einlassungen des Norwegers Randulf J. Olafson und beantwortete damit zugleich die an mich gerichtete Frage
von Dr. Jürgen Sänger.

19.05.2008

Rolf Peters

Lieber Herr Olafson,

*Ich komme erst jetzt dazu auf ihre bunt durcheinander
gewürfelten Vorwürfe einzugehen. Einerseits sind sie so
naiv, aber andrerseits gibt es doch eine Reihe von Leuten die genauso wirr denken wie Sie, dass ich mir die
Mühe machte auf Ihre Vorwürfe teilweise einzugehen.*

*Zur Frage Antisemiten hat Herr Jürgen Sänger schon
kurz geantwortet, und das unter dem Begriff Antizionismus nichts anderes als eine Variante des sogenannten Antisemitismus steckt ist ja ziemlich offensichtlich.*

*Ihr Argument das eine unüberschaubare Menge von
Leuten so denken, es mithin „Mainstream" wäre, möchte ich zu bedenken geben, das es damit nicht automa-
tisch richtig wird, weil viele denselben Fehler machen.*

*Ja, es gibt durchaus einiges zu kritisieren im Staat Isra-
el, aber das was sie aufführen muss man etwas genauer
betrachten.*

Der Staat Israel wurde am 14.Mai 1948 gegründet und

von der UNO anerkannt. Am 15.Mai marschierten die umliegenden Staaten ein und erklärten den Krieg. **650.000 Mann ausgebildete Armee gegen** etwa <u>23.000 bewaffnete Personen</u>, mit unterschiedlichen Sprachen, zumeist ohne militärische Ausbildung. In den weiteren Angriffen seitens der arabischen Staaten erfolgte Zug um Zug eine Vergrößerung des Gebietes von Israel.

Die meisten Araber zogen erst hinzu als die Juden mit einem zionistischen Gedankengut in die Heimat ihrer Vorväter zurückkehrten. Das meiste Land wurde von den türkischen Großgrundbesitzern, welche die rechtlichen Eigentümer waren, erworben. Die meisten Araber besaßen damals nichts, sie wohnten auf Land das sie bestenfalls bewirtschafteten.

Wie Sie vielleicht wissen, wurden die im Lande wohnenden Araber aufgefordert, von ihren Blutsbrüdern, ihre Behausung für eine kurze Zeit zu verlassen, „Da unsere Bomben nicht unterscheiden können" (Originalton), damit man die Juden auslöschen könne.

Zivile Wohnstätten wurden von Israelis in zwei Fällen zerstört – a) wenn sie ohne Bauerlaubnis errichtet wurden oder b) als Vergeltungsmaßnahme, wenn der Bewohner ein Terrorist war.

Ich vermute Sie hätten es auch nicht besonders gerne, wenn man Sie vom Haus gegenüber beschießt, oder sehe ich das falsch?

Sicher haben Sie auch von den von Arabern abgebrannten Wäldern gelesen, die mühevoll und mit großer Liebe von Juden gepflanzt wurden, damit das Land kultiviert werden kann. Diese Wälder gab es erst seit dem die Juden kamen und sich an die Arbeit machten.

Als Nasser den Krieg erklärte sagte er, wir werden die Juden ins Meer treiben damit sie ersaufen.

Die Araber, die schlau genug waren im Lande zu bleiben sind heute als israelische Araber bekannt.

Es gibt und gab keine Nation der Palästinenser, der Begriff wurde erst 1967 von Arafat kreiert, weil er damit Ansprüche einer eigenständigen Nation sichern wollte. Vor der Gründung des Staates Israel, unter dem Protektorat der Briten, hießen alle Bewohner des Landes Palästinenser unabhängig davon ob sie Juden, Araber, Christen oder Beduinen waren.

Es gibt keine täglich bombardierten Slums der Araber. Es gibt aber Städte in Israel, wie Sderot, die fast täglich von Gaza aus von Arabern beschossen werden!

Und apropos Slums, fragen sie doch die Führer von Fatah, Hamas etc. wo all das Geld (Hunderte Millionen Euros, Dollars, etc.) geblieben ist, das aus der ganzen Welt den Palästinensern gegeben wurde. Warum braucht ein PA-„Minister", eines „Staates" den es noch gar nicht gibt, mehr als eine Dienstlimousine? Und warum müssen es die teuersten sein?

Unter Vertreibung meinen Sie wohl den Abzug der Israelis vor 3 Jahren aus Gaza? Jetzt herrscht dort das volle Chaos, die einst blühende Landwirtschaft, über Jahrzehnte von den Israelis aufgebaut, ist zerstört, verwüstet. Stattdessen gibt es Ausbildungscamps diverser Terrororganisationen. Sind das ihre Friedensaktivisten?!

Der massive, fast tägliche Beschuss der umliegender israelischen Städte von Gaza aus mit Kassam-Raketen ist wohl der versprochene Frieden nach dem Abzug Israels aus Gaza.

Sie zitieren: <u>Jeder hat die Videos gesehen, wie ein Kind in den Armen eines Vaters mitleidlos abgeknallt wird,</u> ... Aber ihnen scheint entgangen zu sein, das von deutschen TV-Teams nachgewiesen wurde, dass der Junge von Arabern erschossen wurde und nicht, wie anfänglich propagiert, von den Israelis. Die Weltöffentlichkeit hat es mitbekommen, aber es scheint an ihnen vorbeigegangen zu sein. Wollten sie es nicht hören?

Wenn man sich die Lehrbücher bzw. die Kindersendungen im PA- Fernsehen anschaut, in denen der Staat Israel nicht existiert und Juden nicht als Menschen, sondern als Schweine und Affen dargestellt werden, die man hassen muss, wird man nachdenklich. Dann weiß man was es heißt, eine Generation zu manipulieren: Sterben ist schön, wenn man dabei einige Juden in den Tod mitnimmt!

Dass es eine Reihe von antizionistisch gesinnten Israelis gibt, ist wohl wahr, aber die Mehrheit, wie Sie behaupten, ist es ganz sicher nicht!

Sie haben wirklich eine eigenartige Phantasie, die sogenannten Palästinenser als die echten Nachkommen der Hebräer zu bezeichnen. Das ist eine Stilblüte die ihnen so schnell keiner nachmacht. Eigenartig dass die alten Hebräer schon dem Gott dienten, den Sie nur als Mythos beschreiben, wohingegen Er ganz real erlebbar ist. Ich muss vermuten, dass sie die Bibel noch nie oder nie zusammenhängend gelesen haben, denn sonst wüssten sie, dass nirgendwo den Hebräern eine Freiheit zu sündigen gewährt wurde. Dann wüssten sie auch, dass die Israelis nicht willkürlich handeln, sondern das Wort Gottes erfüllen.

Über Handlungen von Menschen kann man diskutieren, das Wort Gottes sollte man aber besser nicht in anzweifeln, denn dann legt man sich mit Gott selbst an. Die Juden stellen sich nicht über andere Nationen und sprechen keinem seine eigene Kultur ab. Warum äußern Sie sich so aggressiv über den Judaismus, eine Religion die nicht missioniert, es im Gegenteil nichtjüdischen Menschen sehr schwer macht zu konvertieren?

Ich hoffe, dass Sie in der Lage sind, sich sachlich mit meinen Argumenten auseinanderzusetzen, denn Fehler findet man sicherlich auf beiden Seiten, bei den Israelis wie den Palästinensern, mir geht es hier aber um das grundsätzliche Recht der jüdischen Menschen im Staat Israel, im Land ihrer Vorväter zu leben, ohne die stän-

dige Existenzbedrohung. Nach meinem Verständnis gilt der Bund Gottes immer noch und daher plädiere ich gegen jegliche Abgabe von Land. Wenn Land das Problem gewesen wäre, hätte man für die Palästinenser auch auf das Gebiet von Transjordanien zurückgreifen können, das ursprünglich auch zu Palästina gehörte. Außerdem sitzt der arabische Nachbar Saudi-Arabien auf ca. 2,5 Mill km², da wäre es wohl eine Kleinigkeit, etwas für einen arabischen Staat Palästina abzuzweigen. Warum muss man dafür unbedingt von den ca. 20.000 km² etwas wegnehmen? Das ist für mich nicht nachvollziehbar!!!

Rolf Peters

Eine religiös, aber auch mit politischem Sachverstand, begründete pro-israelische Stimme im Chor der Antisemiten! Diese Haltung kannte ich schon von dem Initiator des Meinungsaustauschs Dr. Sänger. Hier ist sie aber wesentlich präziser untermauert. Besonders stichhaltig erscheint mir im Schreiben von Rolf Peters die Hervorhebung der Tatsache, dass die meisten Araber erst nach der jüdischen Einwanderung Anfang des 20. Jahrhunderts aus Nachbarländern nach Palästina gezogen sind. Sie wurden durch den von eingewanderten Juden initiierten wirtschaftlichen Boom angelockt, der ihnen im britischen Mandat Palästina Arbeit und Wohlstand versprach. Viele von ihnen sind folglich kaum länger in Palästina beheimatet als die aus Europa eingewanderten Juden. Das wird durch statistische Erhebungen der Briten aus der Mandatszeit belegt, von Palästinensern aber heute heftig bestritten. Doch die Glaubwürdigkeit dieser israelischen Behauptungen wird durch die heutige Masseneinwanderung nach Europa, besonders aus arabischen und schwarzafrikanischen Ländern, auf der Suche nach Arbeit und Wohlstand, unterstützt. Es gibt keinen Grund zur Annahme, dass sich die Araber nach dem ersten Weltkrieg nicht ebenso verhielten und aus gleichen Motiven in das nahe gelegene, dazu noch arabische, Palästina einwanderten. Ähnliche Wanderungen von Armen in reichere Länder konnte und kann man überall auf der Welt beobachten, etwa von Iren nach Nordirland und in die USA, von Mexikanern in die USA, von Menschen aus den ärmeren Nachbarstaaten nach Südafrika und natürlich aus armen arabischen Staaten nach Saudi-Arabien, Kuwait oder in die Arabischen Emirate.

Diese von heutigen Palästinensern bestrittenen Tatsachen sind durch zeitgenössische Augenzeugenberichte leicht zu belegen. So bereiste der berühmte amerikanische Schriftsteller Marc Twain 1867 Palästina und kehrte mit deprimierenden Eindrücken nach Amerika zurück. Der biblische Landstrich war, seinem Urteil nach, damals weitgehend verwahrlost und menschenleer, Jerusalem zu einer hässlichen Kleinstadt mit weniger als 15.000 Einwohnern verkommen und das in der Antike blühende Galiläa mit seinen fruchtbaren Böden größtenteils ein Brachland.[31] Ein erheblicher Teil des heute urbaren Landes von Israel war noch Mitte des 20. Jahrhunderts, bevor es von jüdischen Pionieren bewirtschaftet wurde, Sumpflandschaft oder Wüste, ganz zu schweigen von den in den letzten Jahrzehnten von Israel in der Wüstenlandschaft gepflanzten Wäldern.

Und was Palästinenser und manche jüdische Israelkritiker heute behaupten, nämlich dass die Juden ein erfundenes Volk seien, trifft in Wirklichkeit exakt auf die Palästinenser zu. Es sind hauptsächlich aus verschiedenen Regionen stammende Araber, die sich erst nach dem Sechstagekrieg von 1967 aus taktischen Gründen den Namen „Palästinenser" zugelegt haben, den sie bis dahin strikt ablehnten. Somit ist Israel der Geburtshelfer der palästinensischen Nation gewesen, die es vorher gar

---

31 Siehe z.B. http://www.gottes-haus.de/home/single-seite-video/ article/-fod49obdoe/

nicht gab. Dass das beileibe keine Unterstellung ist, lässt sich mit zahlreichen Erklärungen von arabischen Führern belegen. Noch 1977 äußerte Zahir Muhsein, Mitglied des PLO-Exekutivkomitees und militärischer Führer der PLO, in einem Interview für die holländische Zeitung Trouw folgendes:

„Nur aus politischen und taktischen Gründen sprechen wir heute von der Existenz eines palästinensischen Volkes. Die arabischen nationalen Interessen verlangen, dass wir als Kampfmittel gegen den Zionismus die Existenz eines separaten palästinensischen Volkes postulieren."[32]

Ob sich die Haltung der palästinensischen Führer seit damals geändert hat, ist schwierig zu belegen. Auf die Hamas trifft das ganz bestimmt nicht zu, mag sein auf die Fatah[33]. Es wird immer wieder vergessen oder bewusst vertuscht, dass es einen arabisch-palästinensischen Staat nur deshalb nicht gibt, weil ihn die Araber nach der 1947 von der UN beschlossenen Teilung Palästinas unter Juden und Araber gar nicht wollten. Der von Chaim Weizmann ursprünglich gewollte binationale jüdisch-arabische Staat ließ sich wegen der militant antijüdischen Haltung der Araber nicht realisieren. 1920 kritisierte Chaim Weizmann, renommierter Chemiker und zionistischer Aktivist, wie folgt die nationalistischen Tendenzen im Zionismus:

„So halten wir dem Prinzip des nationalen Einheitsstaates das Prinzip des Nationalitätenstaates, dem Dogma nationaler Intoleranz die Lehre nationaler Gerechtigkeit, der Theorie vom Staatsvolk die Theorie

---

32 Siehe: Joseph Farah, "Palestinian People Do Not Exist," WorldNet Daily, July 11, 2002 at: **Fehler! Hyperlink-Referenz ungültig.** article.asp?ARTICLE_ID=28222 (11502)

33 Fatah – „Bewegung zur Befreiung Palästinas"; gegründet 1959 mit dem Ziel Israel zu vernichten und Juden zur Flucht aus Palästina zu bewegen; erkannte 1993 formal Israel an.

des Minoritätenschutzes, der Identifizierung von Staat und Nation die Trennung der Nationszugehörigkeit vom Staatsbürgerbegriff entgegen".[34]

Das zionistische Projekt der Ansiedlung von Juden in Palästina war folglich alles andere als eine kolonialistische Invasion, wie es heute von den meisten palästinensischen Führern und marxistischen Linken behauptet wird.

Doch die 1929 von Arabern an Juden verübten Pogrome mit 130 Opfern machten die Idee der Schaffung eines binationalen Staates für ein friedliches Zusammenleben von Arabern und Juden endgültig zunichte. Entgegen seiner ursprünglich binationalen Idee wurde Chaim Weizman der erste Präsident des 1948 ausgerufenen jüdischen Staates Israel.

Rolf Peters pro-jüdische und pro-israelische Argumentation ist, ähnlich wie die von Jürgen Sänger, stark vom christlichen Glauben beeinflusst. Ich gebe zu, dass mir die überschwängliche Umarmung der Juden durch evangelikale Christen ein ungutes Gefühl verursacht, nicht zuletzt wegen ihrer Erwartung, Juden sollten sich früher oder später zu Jesus bekennen. Denn schon bei Luther kippte, wegen der vermeintlichen Undankbarkeit und Renitenz der von ihm zunächst umgarnten Juden, die Liebe in Mordfantasien um. Eine Prognose über die Dauerhaftigkeit der evangelikalen Zuneigung zu den Juden lässt sich folglich nicht stellen. Doch als Jude kann man sich die Freunde leider nur selten aussuchen.

Dr. Jürgen Sänger würdigte die unterstützende Stimme von Rolf Peters wie folgt:

---

34 http://davidkultur.at/artikel/8222der-realitat-nach-ein-
   binationales-land8220.

20.05.2008

Dr. Jürgen Sänger

Lieber Herr Peters,

haben Sie vielen Dank für Ihr Schreiben an Herrn Olafson, einen schwärmerischen Verehrer von Hitler.

In Deutschland ist eine Form des Antisemitismus verbreitet, die sich als Antiisraelismus artikuliert. Dem Staat Israel wird die Existenzberechtigung abgesprochen. Erforderlich erscheinen sachliche Informationen über den Staat Israel.

Mit freundlichen Grüßen

Jürgen Sänger

Gern würde ich Dr. Jürgen Sängers Meinung zustimmen, man könne den Antisemitismus durch sachliche Informationen bekämpfen, wenn ich nicht wüsste, dass Ressentiments und Hassgefühle gegenüber Israel und den Juden nur selten auf einen Mangel an Informationen zurückzuführen sind. Die antisemitische Obsession treibt im Gegenteil viele ihre Bekenner zu einem sehr gründlichen Studium der Geschichte, die aber unabhängig von Fakten, die nur selektiv oder mit eigener Wertung wahrgenommen werden, ihre vorgefasste Meinung stützt. Es ist deshalb naiv und weltfremd, wie zahlreiche heutige Politiker in Deutschland zu glauben, deutsche oder nahöstliche Antisemiten durch gezielte Schulungen und Besuche von Konzentrationslagern von ihren verfestigten Vorurteilen heilen zu können.

Die Vorzeigejuden Köstler, Finkel-
stein und Sand

Natürlich konnte Ingenieur Randulf Olafson aus Norwegen die Vorhaltungen von Rolf Peters nicht auf sich sitzenlassen. Seine Verteidigungslinie ist wohlbekannt: Alle Argumente zugunsten Israels sind demnach lediglich Zwecklügen der Zionisten und Israel hat Apriori kein Existenzrecht. Die Argumentation alter und neuer Nazis sowie „moderner" Linker ist diesbezüglich weitgehend identisch.

Das entgegnete der eifrige Kämpfer für die Sache der Palästinenser Randulf Olafson dem Verteidiger der Juden und Israels Rolf Peters:

21.08.2008

Randulf Olafson

Werter Herr Peters.,

Sie wiederholen hier bloß die allerdümmsten Klischees der Zionisten. Meine Zeit ist zu kostbar, sie im Einzelnen zum 150. Mal zu widerlegen, bis es ein jeder zionistischer Lohnschreiber kapiert hat, von Einsehen kann ja sowieso keine Rede sein. Sie argumentieren wider besseres Wissen („Leugnen"), da ist auf Besserung nicht zu hoffen.

Lesen Sie vielleicht Ihre eigenen, jüdischen, Autoren, vielleicht gehen Ihnen dann die Augen auf. Herr Finkelstein schreibt ganz genau, was von Ihrem bis zum Erbrechen wiederholten Argument zu halten ist, die Palästinenser wären erst zugezogen, als die guten, armen Juden schon dort waren. Was für eine absurde Vorstellung! Finkelstein schreibt kapitelweise mit präzisen Zahlen über diese Propagandathese. Es gab ja diese bösartige Fiktion „From Times Immemorial", als hätten die Juden „schon immer" und die einheimischen Palästinenser „noch nie" dort gelebt. Ich sende Ihnen wieder die Landkarten zu, damit Sie sich ein wenig bilden können: 1946 lebten so gut wie überall die Autochthonen, die Palästinenser, in Palästina. Und heute?

Und da unternehmen Sie es im Ernst, die VERTREI-BUNG hinweg leugnen zu wollen, die doch täglich vor sich geht!! Und wenn sich die Humanisten der ganzen Welt gegen VERTREIBUNG und GENOZID stellen, dann tun sie das, weil die Haltung der Zionisten (nicht: der „Juden", denn eine Mehrheit von ihnen lehnt das Massaker ab!) extrem menschenfeindlich ist. Nirgends würde ein derartiges Verbrechen gegen die Menschlichkeit geduldet. Oder gehören Sie gar zu jenen Leuten, die für die Zionisten (nicht: „für die Juden"!) eine „gottgewollte" Berechtigung zu Völkermord und Vertreibung, für Kindermord und Brandstiftung postulieren?

Dem hier angesprochenen Forum wurden mehrfach die Aussagen des israelischen Wissenschaftlers Sand vorgestellt, dass es die Palästinenser sind, die mit hoher Wahrscheinlichkeit die Nachfahren der alten Hebräer sind, die später zum Islam konvertierten.

Haben Sie den (jüdischen) Autor Arthur Koestler gelesen: „Der dreizehnte Stamm"? Dort finden Sie (und können es sich im Weltnetz[35] bestätigen lassen), dass die Juden im osteuropäischen Raum Nachfahren des Turkvolkes der Chasaren waren. Und bekanntlich sind über 90 % der heutigen Juden „Ostjuden", also Chasarenabkömmlinge. Mein Gott, Sie haben noch viel zu lernen!

Es ist ohnehin ein müßiger Streit! Ob nun die Palästinenser, oder irgendwelche osteuropäischen Juden Nachkommen der alten Hebräer sind: es bleibt ein absurdes Unrecht, wenn eine kleine Gruppe (Zionisten) eines kleinen Volkes sich auf Grund angeblicher archaischer Mythen ein Land erobern will, in dem ihre angeblichen Urväter vor Tausenden von Jahren angeblich

---

35 Gemeint ist das Internet.

*gelebt hat. Und dann mit Feuer und Schwert! Verglei-
chen Sie diesen lächerlichen Anspruch einmal mit dem
(nie angemeldeten) Anspruch der Schweden auf die Ukraine. Vor Tausenden von Jahren haben die Nachkommen der Gotländer ein Reich errichtet, das von der Ost-
see bis zur Krim reichte. Noch im 17. Jahrhundert lebten auf der Krim unter anderen Völkerschaften die
„Krimgoten“. Also wäre (nach Ihrem irrsinnigen Kal-
kül) der Anspruch der Bewohner der schwedischen Insel
Gotland auf „Besiedlung“ (mit Feuer und Schwert) der
Ukraine, der Krim, Polens und Ostdeutschlands ja
hundertmal eher gerechtfertigt als der Anspruch der
Juden auf Palästina, mögen die Juden nun abstammen
von wem immer!*

*Es gab einmal die Anmaßung „Land gegen Frieden“.
Das heißt, die Zionisten würden versprechen (aber wer
traut ihnen noch?), kein Land mehr zu rauben, und im
Gegenzug würden die Palästinenser ihr bisher geraub-
tes Land nicht mehr zurückverlangen. Hingegen for-
dern die angeblichen Nachkommen der antiken Hebräer ja Land, das ihnen angeblich vor zweitausend Jahren
gehört hat. Aber dieses unverschämte Angebot hat die
zionistischen   Fundamentalisten so sehr erzürnt, dass
sie ihren eigenen Premier ermordet haben. Vielleicht
hatte er es ja verdient, aber bestimmt nicht deshalb,
weil er Frieden, endlich Frieden schließen wollte.*

*Nehmen wir einmal an, die Japaner würden sich mitten
unter slawischen Völkern anmaßen, Siedlungen (Terro-
ristenstützpunkte) zu errichten, unter Bestechung von
ein paar UNO-Beamten und nach Veröffentlichung
„heiliger Mythen“, sie hätten doch schon mal vor 2000
Jahren da gelebt. Würde es Sie sehr verwundern, wenn
die umliegenden slawischen Staaten flugs einmarschie-
ren würden, um diesem Spuk ein Ende zu machen?*
Ganz freundliche Grüße
Randulf Olafson.

Hier ist Randulf Olafson noch ganz der Friedensengel und Kämpfer für die Rechte der unterdrückten Palästinenser. Vom Nazismus anscheinend keine Spur. Natürlich ist seine Auswahl vermeintlich historischer Argumente selektiv. Sie wurden aus diversen Quellen zusammengesucht und aus dem Kontext gerissen, um seine Meinung zu stützen. Besonders hilfreich sind da natürlich jüdische Autoren, wie Köstler, Finkelstein und Sand, denn *„als Juden müssen sie es ja wissen"*. Noch hielt sich Randulf Olafson bedeckt. Seine Argumente könnten so von beliebigen Israelgegnern und Freunden der Palästinenser im Spektrum von extrem links, über liberal und konservativ bis extrem rechts benutzt werden. Man konnte folglich seine politische Ausrichtung nicht eindeutig definieren.

Land ohne Volk für ein Volk ohne Land?

An dieser Stelle erscheint mir ein kurzer Exkurs über die Einwanderung von Juden nach Palästina angebracht. Niemand behauptet heute, das Gebiet Palästinas sei vor der jüdischen Ansiedlung ab Ende des 19. Jahrhunderts menschenleer gewesen, obwohl damals die Zionisten das optimistische Diktum vom *„Land ohne Volk für ein Volk ohne Land"* geprägt hatten. Aber es war, wie unter anderen der Augenzeuge Mark Twain feststellte, extrem dünn besiedelt. Das bestreiten notorische Israelhasser, wie Günter Kaule und Randulf Olafson, obwohl es eindeutig nachweisbar ist. Das belegt z.B. die Arbeit von 2008 „Die demografische Entwicklung in Palästina"[36], aus der die nachfolgenden Zahlen entnommen sind:

---

36 https://www.grin.com/document/90306

Jahr	Muslime	Christen	Juden
1800	264.300	ca. 12.000	ca. 8000
1890	431.800	57.400	42.900
1922	590.890	73.024	83.794
1945	1.061.270	235.550	553.600

Diese Zahlen beziehen sich auf das ganze Gebiet West-Palästinas[37] das die heutigen Territorien Israel, Gaza und Westbank umfasste. Somit war noch 1945, vor der Gründung Israels, die Besiedlungsdichte, verglichen mit der heutigen bei etwa sechsfacher Einwohnerzahl, extrem niedrig. Es gab aber zwischen 1922 und 1945 neben der jüdischen und christlichen Einwanderung auch unter den muslimischen Arabern eine plötzliche Bevölkerungsexplosion. Von der britischen Mandatsverwaltung wurde die nicht überzeugende Theorie geäußert, diese sei auf eine sehr hohe Geburtenrate zurückzuführen gewesen, bedingt durch die unter britischer Herrschaft in das Mandat Palästina eingeführte moderne Medizin und Hygiene[38]. Plausibler ist es, den gegenüber der Zeit vor 1922 dramatischen jährlichen Zuwachs muslimischer Bevölkerung auf eine Zuwanderung aus den Nachbarregionen zurückzuführen, bedingt durch die ökonomische Entwicklung im jüdischen Siedlungsgebiet des Mandats

---

37 Das britische Mandat Palästina umfasste ursprünglich neben dem heutigen Gebiet Palästinas und Israels auch das des heutigen Jordanien. 1922 hat die britische Mandatsmacht Palästina in den östlichen Teil Palästina und den westlichen Teil Transjordanien aufgeteilt. Transjordanien wurde zu einem selbstständigen Staat, der sich 1950 in Jordanien umbenannte. Jordanien ist, wegen seiner mehrheitlich arabisch-palästinensischen Bevölkerung, ein palästinensischer Staat.

38 Joan Peters, From Time Immemorial. The origins of the Arab-Jewish conflict over Palestine. JKAP Publications, USA 2002, S. 224 ff.

Palästina und den aus ihr folgenden erhöhten Möglichkeiten einer Erwerbstätigkeit nachzugehen. Die Mi-
gration von Arabern aus Nachbarregionen, vorwiegend
aus Transjordanien, Syrien und Ägypten, nach Palästina
erfolgte größtenteils illegal und wurde deshalb in der
britischen Einwanderungsstatistik nicht erfasst.

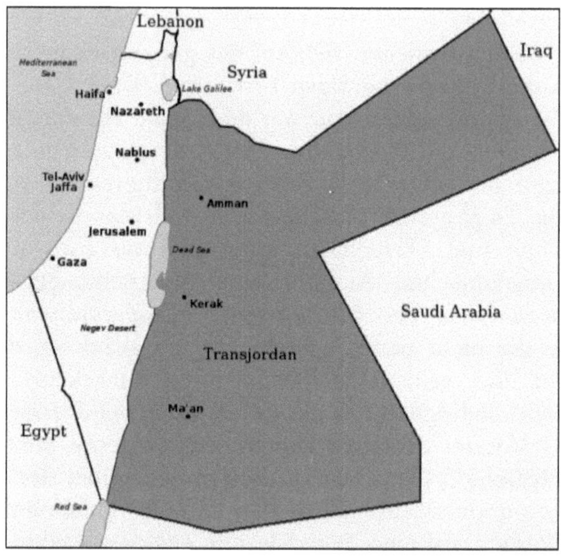

Aufteilung Palästinas in West-Palästina und Ost-Palästina,
genannt Transjordanien.

Sie überstieg die von den Briten zunächst erlaubte jüdische Einwanderung der in Europa verfolgten und diskriminierten Juden in die geplante „jüdische Heimstäd-
te" in Palästina. Britische Quellen schätzten 1934 die
Anzahl arabischer Einwanderer nach Palästina als dop-
pelt so hoch als die Anzahl jüdischer Einwanderer ein.[39]
Und der spätere britische Premierminister Winston
Churchill äußerte 1939 folgendes:

---

39 Joan Peters, From Time Immemorial, S. 231.

*Weit entfernt davon, verfolgt zu werden, haben sich die
Araber in das Land gedrängt und sich vermehrt, so dass
ihre Bevölkerung mehr zugenommen hat, als die gesamte Judenheit imstande wäre, die jüdische Bevölkerung (Palästinas) zu erhöhen.* [40]

Churchill sprach von Hunderttausenden Arabern, die
illegal nach West-Palästina gekommen seien.

Die dramatische Zunahme arabischer, vorwiegend muslimischer Bevölkerung kollidierte mit der zur gleichen
Zeit ablaufenden jüdischen Einwanderung, was zu ge-
waltsamen Konflikten zwischen beiden Volksgruppen
führte. Sie kulminierten 1929 in arabischen Pogromen
an der jüdischen Bevölkerung und steigerten sich, nach
der Machtergreifung Hitlers in Deutschland, 1936 zum
arabischen Aufstand, der 1939 abflaute, nachdem die
britische Mandatsverwaltung die jüdische Einwanderung, damals hauptsächlich aus Nazi-Deutschland, stark
einschränkte. Naheliegend ist auch die Vermutung, dass
die Masseneinwanderung von Arabern nach West-Palästina von arabischen Führern bewusst gefördert wurde,
als Gegengewicht zur jüdischen Einwanderung und als
Kampfmittel gegen sie. Doch nicht ein eigenständiges
arabisches Palästina war damals das Ziel arabischer
Kämpfer, sondern die arabische Einheit ohne die als
Fremdkörper empfundenen Juden, über die als künstlich
wahrgenommenen Grenzen arabischer Staaten hinweg. [41]

In heutigen israelfeindlichen Kreisen Arabiens wie in der
westlichen Welt ist es ein Tabu, von der arabischen Einwanderung nach West-Palästina zu sprechen, weil damit
im erheblichen Maße widerlegt wäre, dass es sich bei

---

40 Martin Gilbert, Churchill, vol. 5, S. 1072, zitiert in Joan Peters, From Time Immemorial, S. 230.
41 Nach dem Zerfall des Osmanischen Reiches wurden am 16.
Mai 1916 im Sykes-Picot-Abkommen von Frankreich und
Großbritannien willkürlich Grenzen von Staaten und Ein-
flusssphären im arabischen Raum gezogen.

den heutigen, als „Flüchtlingen" über mehrere arabische Staaten verstreuten Palästinensern mehrheitlich um eine angestammte Bevölkerung des Gebiets West-Palästina handelt.

Jordanien ist Ost-Palästina

Ein Missverständnis zieht sich zudem durch fast die gesamte heutige Literatur zum Palästina-Israel-Konflikt. Es wird ignoriert, dass Palästina ursprünglich neben dem Gebiet des heutigen Israel, inklusive Westbank und Gaza, das heißt dem westlich des Jordan gelegenen West-Palästina, auch das östlich des Jordan gelegene heutige Jordanien, das Ost-Palästina, beinhaltete. Beide Teile des nach dem 1. Weltkrieg kreierten britischen Mandats Palästina wurden von den gleichen oder verwandten Araber- bzw. Beduinenstämmen bewohnt. Ost-Palästina, das mit 38.000 Quadratmeilen etwa 75 % Palästinas ausmachte, wurde 1921 zum autonomen Gebiet Transjordanien, auf dem 1946 der arabisch-palästinensische Staat Transjordanien ausgerufen wurde, während für die jüdische Ansiedlung und den zukünftigen jüdischen Staat Territorien auf weniger als 8.000 Quadratmeilen oder etwa 25 % des palästinensischen Gebietes westlich des Jordan reserviert wurden.[42] Transjordanien wurde 1950 in Jordanien umbenannt. Durch die Aufteilung West-Palästinas in arabische und jüdische Siedlungsgebiete beschränkte sich das jüdische Territorium auf etwa 56 % des Gebietes West-Palästinas, somit also auf etwa 14 % der Gesamtfläche des ursprünglichen Mandats Palästina. 86 % seines Territoriums sollten folglich den Arabern zur Verfügung stehen. Diese Zahlen sind von hoher Relevanz, weil in der Literatur über den Palästina-Israel-

---

42 Joan Peters, From Time Immemorial, S. 239.

Konflikt oft suggeriert wird, der UN-Teilungsplan habe die Juden gegenüber Arabern begünstigt, obwohl er den Juden innerhalb von nur 14 % des Territoriums Palästinas größtenteils unfruchtbare Wüsten- und Sumpfgebiete zuteilte.

Laut dem von den Arabern zurückgewiesenen UN-Teilungsplan von 1947 sollte der jüdische Staat zu etwa einem Drittel die kleine, weitgehend von eingewanderten Juden fruchtbar gemachte Küstenebene und das nördlich gelegene Galiläa sowie zu etwa zwei Dritteln das im Süden gelegene unfruchtbare und trockene Gebiet der Negev-Wüste erhalten.[43]

Sofort nachdem am 14. Mai 1948 der Staat Israel ausgerufen wurde, ist dieser von Armeen der arabischen Nachbarstaaten überfallen worden. Der Sieg Israels über die

---

43 https://de.wikipedia.org/wiki/UN-
   Teilungsplan_für_Palästina.

vereinigten arabischen Streitkräfte veranlasste den König von Transjordanien Abdallah, sich am 1. Dezember 1949 in Jericho (Westbank) zum König ganz Palästinas auszurufen. Per Abstimmung ließ man die Annexion des arabisch besiedelten Westjordanlandes durch die Bevölkerung bestätigen.[44] Das war folgerichtig, weil es ethnisch und historisch zwischen den Arabern Ost- und West-Palästinas keinen Unterschied gab. Bis in die siebziger Jahre galt deshalb Jordanien auch den arabisch-palästinensischen Führern als ein palästinensischer Staat, den sie nach dem Sturz der Monarchie zu übernehmen planten. Das versuchte die PLO[45] 1970-71 in einem Bürgerkrieg, in welchem sie aber von der jordanischen Armee vernichtend geschlagen wurde. Bezeichnend ist, dass die damaligen blutigen Auseinandersetzungen in Jordanien bis heute nicht als eine palästinensische Aggression von außen, sondern als ein Bürgerkrieg betrachtet werden, weil die Kämpfer sowohl der PLO als auch Jordaniens arabische Palästinenser gewesen sind. Die heute übliche Behauptung, es gebe keinen palästinensischen Staat, ist folglich falsch. Es gibt ihn, und das ist Jordanien. Und erst 1988 hat Jordanien die Ansprüche auf das Westjordanland aufgegeben. Die etwa 850.000 palästinensischen Bewohner des Westjordanlandes waren bis dahin größtenteils jordanische Staatsbürger, die Beamten bezogen ihre Gehälter aus Jordanien, das Gebiet bildete mit Jordanien eine wirtschaftliche Einheit.[46] Mit dem Verzicht des jordanischen Königs auf die Westbank war die von Israel bis dahin angestrebte „jordanische Option" für die Westbank obsolet. Doch immer wieder lebt die Idee der Wiederangliederung der Westbank an Jordanien als eine Teillösung des Palästina-

---

44 https://de.wikipedia.org/wiki/Jordanien#Geschichte.
45 PLO – *Palestine Liberation Organization,* Palästinensische Befreiungsorganisation.
46 http://www.spiegel.de/spiegel/print/d-13529570.html.

Israel-Konflikts wieder auf.[47] Andererseits werden den palästinensischen Flüchtlingen in allen arabischen Staaten einschließlich Jordaniens seit inzwischen siebzig Jahren die vollen Bürgerrechte verweigert, damit die entwurzelten Palästinenser mit ihrer Forderung auf Rückkehr auf heute israelische Gebiete ein Problem für Israel bleiben[48]. Dieses Problem wird mit der Zeit immer größer, weil die Zahl der in Nachbarländern Israels lebenden „palästinensischen Flüchtlinge" von etwa 750.000 im Jahre 1948 auf etwa 5 Millionen heute angewachsen ist. Das folgt daraus, dass die palästinensischen Flüchtlinge als weltweit einzige Flüchtlingsgruppe den von der UN anerkannten Flüchtlingsstatus an die nächsten Generationen vererben können, wodurch es inzwischen vier Generationen von „palästinensischen Flüchtlingen" gibt, die von der speziellen palästinensischen UN-Hilfsorganisation UNRWA[49] unterstützt werden.

Ein Hitler-Verehrer aus den USA meldet sich zu Wort

Nun schaltete sich der Amerikaner Gerry Forster aus den USA in den Disput ein, mit einer eindeutigen politischen Ausrichtung:

22.05.2008

Gerry Forster

Lieber Herr Peters!

---

47 Jordanien soll Palästina werden, Michael Wolffsohn, Focus 23/ 2011.

48 Siehe z.B. Jordanien: Wir wollen keine Palästinenser, https:// de. gatestoneinstitute.org/6528/jordanien-palaesti-nenser.

49 UNRWA - United Nations Relief and Works Agency for Palestine Refugees, gegründet im Dezember 1949.

*DaSS sie in ihrem Brief von „unmenschlichen Taten"
reden die man ganz normalen „Mitläufer" in die Schu-
he schieben kann, bedeuted lediglich, daSS sie von den
demok-Ratten und dem juden-Dreck völlig vergifted
sind. Die „Tate´ waren nichts weiter als Selbstverteidi-
gung gegen ein Parasitervolk welches seit 3000 Jahren
die Welt betrügt, belügt, haSSt, ausbeutet und verge-
waltigt. Nach langen Untersuchungen lehne ich den
angeblichen Holocaust völlig ab, lehne ALLE Schuld ab
und sage: Hätte der Holocaust, auch der „Holy Shit"
genannt, tatsächlich stattgefunden, wäre er absolut in
jeder Hinsicht gerechtfertigt gewesen.*

Gerry Forster

Dem amerikanischen Holocaustleugner Gerry Forster,
mit seiner Vorliebe für die SS und am „Stürmer" ausge-
richteter judenfeindlicher Fantasie, antwortete Dr. Jürgen Sänger mit angemessener Deutlichkeit:

22.05.2008

Dr. Jürgen Sänger

Sehr geehrter Herr Forster.,

*Ihr Schreiben an Herrn Peters ist ein exemplarisches
Beispiel für den Antisemitismus, sowohl im Stil als
auch im Inhalt. Sie bestätigen die klassische Definition
des Antisemitismus:*

*„Der Holocaust hat niemals stattgefunden, aber er soll-
te möglichst bald wiederholt werden!"*

Mit freundlichen Grüßen

Dr. Jürgen Sänger

Der evangelikale Don Quichote

Bedrückt von den antisemitischen Reaktionen auf das Schreiben aus Israel, das er als Rundbrief verschickt hatte, entschloss sich Dr. Jürgen Sänger, seinem Unmut und seiner Sorge über den Antisemitismus in Deutschland sowie über die vermeintlich unversöhnliche Haltung einiger orthodoxer Rabbiner in Israel der damaligen Vorsitzenden des Zentralrats der Juden Charlotte Knobloch kundzutun. Dabei verzichtete er allerdings nicht auf seine obligatorische christliche Mission, den Juden klar zu machen, dass der Messias Jesus bereits vor 2000 Jahren auf die Erde gekommen sei:

23.05.2008

Dr. Jürgen Sänger

An Frau Charlotte Knobloch, Zentralrat der Juden in Deutschland

Sehr geehrte Frau Knobloch,

mich beunruhigt der zunehmende Antisemitismus in Deutschland, der sich heute in der Gestalt eines unbarmherzigen Antiisraelismus zu erkennen gibt. Es sollten erhebliche Anstrengungen unternommen werden, um auch dieser Form des Antisemitismus entgegenzutreten. Hierfür ist einerseits eine umfangreiche Aufklärung erforderlich, weil auf die Medien kein Verlass ist. Andererseits sollte sorgfältig vermieden werden, den Antisemiten Argumente zu liefern.

Um Missverständnissen zuvorzukommen, möchte ich erwähnen, dass ich mein Verhältnis zu den Juden definiert habe durch meine Teilnahme an einem Schweigemarsch, den im Herbst 1985 einige tausend an den jüdischen Jesus Glaubende von der Nürnberger Lorenzkirche zum Reichsparteitagsgelände unternommen hatten im Gedenken an die berüchtigten Nürnberger Gesetze von 1935. Ich hatte mich zu dem Gott Israels bekehrt. Maßgeblich beteiligt war hierbei ein jüdischer Theologe.

Bedrückend ist das Verhalten der orthodoxen Rabbiner in Israel, welches kaum den Friedensbemühungen im Nahen Osten dient. Die Behandlung, die an den jüdischen Messias Jesus glaubende Juden durch die Rabbiner erfahren, ist der Behandlung der Juden durch die Nationalsozialisten in den 1930er Jahren durchaus vergleichbar. Offensichtlich gebricht es den Rabbinern an Geschichtskenntnissen.

Der Gott Israels kann nicht von dem Messias Israels getrennt werden. Damit der Messias Israel erlösen konnte, musste der Messias ein Israelit und zu Bethlehem geboren werden. Die jüdische Bibel hat das deutlich genug vorausgesagt. Die Rabbiner sollten das eigentlich wissen.

Die Rabbiner sollten auch wissen, dass der Gott Israels mit Israel – und mit niemand anderem – ein neues Bündnis geschlossen hat. Dieses neue Bündnis besteht darin, dass der Gott Israels auch noch die Verpflichtungen des Bündnispartners übernommen hat. Nicht zu vergessen ist, dass die erste Messias-Gemeinschaft in Jerusalem aus lauter Juden bestand, möglicherweise vorwiegend aus Essenern.

Der Sinn von Auschwitz besteht darin, dass die Überlebenden den Gott Israels anbeten und für ihre Errettung danken. Es liegt an den Rabbinern, ob sie Auschwitz einen Sinn geben oder ob sie die Opfer von Auschwitz in die Sinnlosigkeit hinabstoßen. Die Täter von Auschwitz wird der Gott Israels richten.

Zu fragen ist, ob die Rabbiner ihrem Volk Trost und Hoffnung vermitteln können oder ob sie nur der arbeitenden Bevölkerung zur Last fallen. Die Gründung des Staates Israel war eine Erfüllung prophetischer Verheißungen. Zu fragen ist, ob die Rabbiner der israelischen Regierung helfen, sich nicht auf die wackelige EU zu verlassen, sondern auf den Gott Israels. Die Lage ist brenzlig. In zwei Jahren wird die iranische Atombombe mit oder ohne westliche Proteste einsatzbereit sein.

*Deutschland ist ein vorwiegend atheistisches Land. Ich
erwarte von den Juden, dass sie nicht nur Rechnungen
ausstellen, sondern auch mithelfen, in Deutschland den
Glauben an den Gott Israels auszubreiten, der Himmel
und Erde gemacht hat. Das sollte im ureigensten Inte-
resse der Juden liegen, denn Nationalsozialismus und
Lenin-Sozialismus waren atheistische Religionen.*

Mit freundlichen Grüßen

Jürgen Sänger

PS: Kopien an Bürger und Politiker

Bei allen guten Absichten konnte Dr. Jürgen Sänger natürlich kaum erwarten, dass seine Mission für Jesus als
dem Sohn Gottes bei den von ihm angeschriebenen Juden verfängt. Zudem offenbarte sich hier, dass bei aller
Würdigung seiner akademisch-technischen Bildung sowie bei aller Redlichkeit der Verteidigung Israels und der
Ablehnung des Antisemitismus, seine religiöse Gläubig-
keit reichlich infantil anmutete. Und sein Versuch, dem
Massenmord von Auschwitz einen religiös begründeten
Sinn zu geben, muss wohl nicht nur von Juden, sondern
von allen humanistisch gesinnten Menschen als eine
obszöne Anmaßung zurückgewiesen werden. Eine Antwort auf sein Schreiben konnte er kaum erwarten.

Die Meinung eines Israel-Freundes

Aus einer ganz anderen Ecke, nämlich von links, kam
nun die nachfolgende Reaktion. Der Verfasser Robert
Becker bezichtigte ausgerechnet den Initiator der Diskussion Dr. Jürgen Sänger der Verwendung alter antisemitischer Klischees. Zudem wandte er sich gegen Dr.
Sängers religiös-konservative Anmaßung, moralisches
Handeln nur religiösen Menschen zuzubilligen.

23.05.2008

Robert Becker

Sehr geehrter Herr Dr. Sänger,

ich bin sehr besorgt über Leute wie Sie, die ihr Verhältnis zu den Juden dadurch "definiert haben", dass sie an einem "Schweigemarsch" teilgenommen haben, den Sie durch Ihre Ansichten nachträglich diskreditieren.

Denn zu "schweigen" wäre in diesem Fall wohl besser gewesen als diesen unappetitlichen Brief zu verfassen und darin zweifelhafte (viele würden gar sagen "antisemitische") Denkmuster zu bedienen.

Da suggerieren Sie, der Jude in Gestalt des Rabbiners solle sich vorsehen, dass er ja dem Antisemitismus in Deutschland keine Argumente liefere. (Sprich: Der Jude ist selbst schuld am Antisemitismus). Da vergleichen Sie orthodoxe Rabbiner mit Nationalsozialisten!! und leisten sich zur gleichen Zeit die Ungeheuerlichkeit, Holocaustüberlebenden Ratschläge erteilen zu wollen, wie sie mit ihren traumatischen Erfahrungen umzugehen haben, ja in letzter Konsequenz sind gemäß Ihrer Ansicht die Überlebenden Opfer der Rabbiner, die diese in die Sinnlosigkeit hinab stoßen.

Und schließlich - man fühlt sich an die Hohmann-Rede[50] erinnert - sind es heute und waren es "gestern"

---

50 Auszug aus der Rede des CDU-Politikers Martin Homann am 3.10.2003, die zu seinem Parteiausschluss führte: „Die Schuld von Vorfahren an diesem Menschheitsverbrechen hat fast zu einer neuen Selbstdefinition der Deutschen geführt. Trotz der allseitigen Beteuerungen, dass es Kollektivschuld nicht gäbe, trotz nuancierter Wortneuschöpfungen wie ‚Kollektivverantwortung' oder ‚Kollektivscham': Im Kern bleibt der Vorwurf: die Deutschen sind das ‚Tätervolk'."

„Auf diesem Hintergrund stelle ich die provozierende Frage: Gibt es auch beim jüdischen Volk, das wir ausschließlich in der Opferrolle wahrnehmen, eine dunkle Seite in der *lediglich die "Gottlosen" von denen immer das Unheil ausgeht.*

Herr Dr. Sänger, Ihr Anschreiben ist so unerträglich und indiskutabel, dass ich Sie hiermit bitte, mich in Zukunft mit ähnlichen Ausführungen zu verschonen.

Robert Becker

Das war eine Ohrfeige, die der vom evangelikalen Missionsgeist sowie der Liebe zu Israel und den Juden als dem von Gott auserwählten Volk beseelte Dr. Jürgen Sänger nicht auf sich sitzenlassen konnte:

24.05.2008

Dr. Jürgen Sänger

Sehr geehrter Herr Robert Becker,

wenn man in Deutschland Meinungen äußert, die vom Medienstandard abweichen, muss man mit üblen Diffamierungen rechnen. Bemerkenswert ist, dass ich von Rechtsradikalen ebenso schroffe Reaktionen erhalte wie von Ihnen. Es wird als "unappetitlich" empfunden, wenn man sich zu dem Messias der Juden bekennt.

Ihrem Schreiben ist zu entnehmen, dass Sie über keine sachlichen Argumente verfügen. Das bestärkt mich in meiner Ansicht.

Der Antisemitismus ist aus meiner Sicht ein tiefenpsychologisches Phänomen, das rational nicht interpretierbar ist. Das einzige, was man machen kann, ist, dem Antisemitismus keine Nahrung zu liefern. Die Verfolgung von an Jesus gläubigen Menschen in Israel muss unbedingt eingestellt werden.

Ich war selbst als Knabe mehrmals in einem engen

---

neueren Geschichte oder waren Juden ausschließlich die Opfer, die Leidtragenden? (...)Die Gottlosen mit ihren gottlosen Ideologien, sie waren das Tätervolk des letzten, blutigen Jahrhunderts"

Luftschutzkeller eingesperrt und musste wegen meiner Volkszugehörigkeit mit meiner Hinrichtung durch die Alliierten rechnen. Diese Erfahrung hat mich zum Glauben an den Messias geführt. Diese Erfahrung wünsche ich allen Holocaust-Überlebenden.

Was haben Sie dagegen?

Niemals können Probleme gelöst werden, wenn man seine Augen vor der Realität verschließt. Frieden ist im Nahen Osten nicht möglich. Die Regierung Olmert muss die Entscheidung treffen, ob sie im nächsten Jahr die Anlagen von Natanz[51] zerstört oder ob sie die Fertigstellung der Atombombe 2010 abwartet.

Mit freundlichen Grüßen

Jürgen Sänger

Ohne Dr. Jürgen Sänger Antisemitismus unterstellen zu wollen, muss ich seinen evangelikalen Standpunkt korrigieren: Jesus war nicht der „Messias der Juden", vielmehr ein jüdischer Messias der Christen. Das ist ein entscheidender Unterschied, der zur Folge hat, dass das Christentum vom jüdischen Standpunkt betrachtet eine jüdische Sekte ist und das Judentum vom christlichen Standpunkt aus ein archaischer Glaube, der durch die Anerkennung von Jesus als den Messias an das Christentum herangeführt werden muss. Sind solche Dispute heute noch zeitgemäß? Das kann jeder für sich selbst beantworten. Anmaßend und geschmacklos ist allerdings Dr. Sängers angedeuteter Vergleich der Bedrohungssituation der Deutschen im Bombenhagel der Alliierten des Zweiten Weltkriegs mit derjenigen der von den Nazis ausnahmslos zum Tod verurteilten Juden.

Mit Sängers These, der Antisemitismus sei ein tiefenpsychologisches Problem, kann man wohl einverstanden sein. Auf sachliche Argumente kann sich ein Antisemit

---

51 Gemeint ist die iranische Atombombe.

jedenfalls nicht berufen und es ist kaum möglich, einen Antisemiten mit Fakten und Argumenten von seinem Irrtum zu überzeugen, weil man hierzu seine in der Kindheit erworbene emotionale Grundstruktur ändern müsste.

Was aber die in dem Brief genannte durchaus reale Gefahr aus dem Iran betrifft, wissen wir heute, dass es bis 2010 und sogar bis 2018 dort nicht zur Fertigstellung der Atombombe gekommen und auch kein präventiver Angriff Israels auf den Iran erfolgt ist. Die Zukunft kennen nur die Propheten und natürlich der liebe Gott.

Robert Beckers Antwort ließ, wie erwartet, an Schärfe nichts zu wünschen übrig:

24.05.2008

Betreff: nicht hinnehmbar

Robert Becker

Sehr geehrter Herr Dr. Sänger,

sicher können Sie antworten. Allerdings bin ich an Ihren Rundmails, soweit sie DIESE Thematik betreffen (bei vielen anderen Themen gehen wir ja weitgehend konform), nicht interessiert. Auch was Sie erneut schreiben, überzeugt mich nicht.

Natürlich können gebetsmühlenartig wiederholen, dass die Alliierten sie töten wollten, weil sie Deutscher waren. Erklärt haben Sie jedoch damit gar nichts. Und solange Sie das nicht erklären können, streite ich das schlichtweg ab. Zwischen Auschwitz (vorausgesetzt sie meinen die beiden Vernichtungslager) und Dresden gibt es jede Menge Unterschiede. Dresden wurde erbaut, damit Menschen dort wohnen. Auschwitz wurde mit dem übergeordneten Ziel erbaut, bestimmten Menschen (überwiegend Juden) zu vernichten. Dresden gehörte zu Deutschland, das mit den Alliierten offiziell im Krieg lag, Auschwitz gehörte zu Polen, das bereits erobert war und kapituliert hatte. Juden; Zigeuner und andere wurden mit großen Aufwand nach Auschwitz gebracht, so dass zeitweise schon einmal die These vertreten wurde, dass der Krieg im Osten auch dadurch verloren ging, dass die Züge mit Juden belegt waren und kriegswichtiger Nachschub für die Soldaten an der Front nicht erfolgte. Juden wurden also gezielt und unter großem organisatorischem und logistischem Aufwand nach Auschwitz verbracht, ausgebeutet, gequält und als medizinische Versuchskaninchen missbraucht. Dresden hingegen wurde unnötig und meines Erachtens auch unangemessen aus der Luft bombardiert, was die Dresdener und die Flüchtlinge aus dem Osten traf. Umgekommen sind sie nicht, weil sie Deutsche waren, sondern weil sie sich zu diesem Zeitpunkt in Dresden aufgehalten haben. Hätte dort ein Lager mit russischen oder englischen Kriegsgefangenen gegeben, dann hätten die Bomben wohl keinen Unterschied zwischen ihnen und Deutschen gemacht. Ich weigere mich, die in Auschwitz ermordeten unter die Kriegsopfer zu zählen. Die Juden waren mit Deutschland nicht im Krieg. Denkmalwürdig und denkmalunwürdig, da muss ich nicht unterscheiden, da dies Begriffspaar für die Erörterung des Sachverhalts überhaupt nicht zielführend ist. Ich habe nichts dagegen, wenn Sie jedem Dresdner ein Denkmal bauen wollen, doch finde ich es unerträglich, wie Sie das Leiden dieser Menschen dazu instrumentalisieren, um den Holocaust zu relativieren. Bestenfalls ist das ja gar nicht Ihre Absicht, aber darauf läuft es hinaus.

Herr Dr. Sänger, Sie sollten auch wissen, dass in Deutschland viele Christen, die an den Messias glauben, diskriminiert werden, zumindest die, die nicht mit dem Zeitgeist laufen. Doch hören Sie doch bitte damit auf zu suggerieren, es gäbe in Israel eine Verfolgung "messianischer Juden". Natürlich werden sie abgelehnt, wie auch überzeugte Christen in Deutschland Ablehnung erfahren. Trotzdem haben wir wie die Israelis auch Religionsfreiheit, und darauf kommt es an.

Herr Dr. Sänger, es fällt mir bei Ihnen auf, dass die Einordnung des Antisemitismus eine eigenartige Metamorphose von einer Mail zur anderen unternimmt. Erst ist der Antisemitismus für Sie ein tiefenpsychologisches Phänomen, dem man rational nicht beikommen kann, jetzt empfinden Sie auf einmal die Notwendigkeit sich mit den "Argumenten" der Antisemiten auseinanderzusetzen. Was denn nun?

Ich widerspreche in jedem Fall deutlich Ihrem Denkmuster, dass der Jude selbst am Antisemitismus schuld sei. Auch ist Frau Knobloch nicht in Haftung für die Dinge zu nehmen, die ein religiöser Rabbi in Israel von sich gibt. Herr Dr. Sänger, soll ich Sie bedauern, dass die Juden in Deutschland nicht Ihren Erwartungen entsprechen? Ihre Ausführungen erinnern mich schon ein wenig an das alte antisemitische Motiv der Juden als (geldgeile) Blutsauger. Sie unterstellen, die Juden (der Zentralrat der Juden) stellen nur Schecks aus und lassen sich bezahlen. Ich sage Ihnen, es ist eine riesige Gnade, dass in Deutschland Geld dafür investiert wird, dass Juden wieder hier leben können. Das, was wir für die Juden in Deutschland tun, ist wohl das mindeste, was man tun kann.

Der Zentralrat ist übrigens dialogbereit, was nicht beinhalten kann und darf Rundmails, wie die von Ihnen, auch nur in irgendeiner Form zu beantworten. Und zuletzt, von Frau Knobloch müssen Sie gar nichts erwarten. Bewusst heißt es "Zentralrat der JUDEN". Frau Knobloch ist somit nicht dafür da, Ihre Erwartungen zu erfüllen. Dennoch kann ich Ihnen versichern, Herr Dr. Sänger, dass Frau Knobloch heute in der Paulskirche eine sehr klare israelsolidarische Position bezogen hat.

Es ist auch nicht die Aufgabe der Juden in unserem Land, deren Einrichtungen rund um die Uhr von der Polizei bewacht werden, immer und überall die falsche Berichterstattung über Israel zu korrigieren. (Wo sie das tun, tun sie das übrigens sehr wirksam und über-

zeugend). Nein, Herr Dr. Sänger, das wäre unsere Aufgabe, die der deutschen Gesellschaft, die der "christlichen" Kirchen. Der Fingerzeig geht eben nicht auf die Juden, die jetzt auch noch schuld sein sollen, wenn die bösen Medien weitermachen können wie bisher, der Fingerzeig geht auf unsere Solidarität. Doch aus dieser wird so lange nichts werden können, wie sich Leute wie Sie, die es besser wissen müssten, lieber mit vermeintlichen Fehlern von Juden beschäftigen, als wirksam Solidarität für Israel und die Juden in unserem Land und weltweit glaubwürdig aufzuzeigen.

Mit freundlichen Grüßen

Robert Becker

Ob die Bombardierung Dresdens durch die Amerikaner kriegswichtig und angemessen war, darüber streiten sich die Historiker. Dabei darf man aber nicht außer Acht lassen, dass zahlreiche Opfer des Nationalsozialismus, darunter Viktor Klemperer[52], trotz der Gefahr für ihr eigenes Leben die Alliierten-Bomber herbeisehnten. Hier klafft zwischen der Empfindungswelt von Opfern des Nazi-Terrors und ihren Nachkommen und der Empfindungswelt der meisten Deutschen bis heute ein schier unüberbrückbarer Graben.

Dr. Sängers Antwort geriet nun ziemlich kleinlaut, und sie klang nach Selbstrechtfertigung, wobei er allerdings nicht gewillt war, auf die Gleichsetzung der Bombardierung Dresdens mit der Vergasung der Juden in Auschwitz zu verzichten.

24.05.2008 11:22 AM

Subject: Antisemitismus

Dr. Jürgen Sänger, Diplomchemiker,

Sehr geehrter Herr Becker,

---

52 Viktor Klemperer, Ich will Zeugnis ablegen bis zum letzten: Tagebücher 1933-1945, Aufbau Verlag 2015.

warum saß ich denn im Luftschutzkeller und hörte die Bomben pfeifen, die mich treffen sollten? Der Krieg war entschieden, die Bombardierung von Dresden diente der militärisch nicht notwendigen Vernichtung von Zivilisten eines bestimmten Volkes. Das Vernichtungslager von Auschwitz diente ebenfalls der militärisch nicht notwendigen Vernichtung von Zivilisten eines bestimmten Volkes. Im Gedenken an die gewaltsam getöteten Zivilisten während und nach dem Zweiten Weltkrieg sollten keine rassischen Unterschiede gemacht werden. Der Antisemitismus ist rational nicht begründbar. Der Antisemitismus hasst die Juden pauschal ohne rationale Begründung dieses Hasses. Die Juden sind nicht schuld am Antisemitismus. Es gibt aber einzelne Juden, deren Fehlverhalten den Antisemiten Argumente liefern, beispielsweise Henry Morgenthau, Ilja Ehrenburg oder auch der Rabbiner Rosen.

Messias-gläubige Juden werden in Israel diskriminiert. Es bestehen überhaupt keine Zusammenhänge zwischen diesen diskriminierten Juden und dem Fehlverhalten der Kirchen. Diese Diskriminierung ist weder mit der Rechtsstaatlichkeit Israels vereinbar noch mit dem jüdischen Glauben. Christen in Deutschland sind verpflichtet, den diskriminierten Juden in Israel beizustehen.

Von den Juden in Deutschland, die von den Steuergeldern der Bürger beträchtlich unterstützt werden, muss erwartet werden, dass sie den Glauben an den Gott Israels ausbreiten.

Mit freundlichen Grüßen

Jürgen Sänger

PS: Ich schicke Kopien an Personen, die mit mir nicht oder nicht gänzlich übereinstimmen, um des Dialogs willen.

Ob die „messianischen Juden" in Israel diskriminiert werden, sei dahin gestellt. Da sie an Jesus Christus als den Sohn Gottes glauben, wäre vermutlich ihr Konflikt mit Israel beendet, wenn sie aufhören würden, sich als Juden zu bezeichnen, was doch ein Etikettenschwindel ist, wenn sie vielmehr dazu stehen würden, Christen mit jüdischem Ritus zu sein. Dann könnten sie z.B. „messianische Christen" heißen. Außerdem ignorierte Dr. Sänger bewusst die Tatsache, dass Juden im Gegensatz zu Christen und Muslimen nicht missionieren, also ihren Glauben nicht verbreiten. Genau das, der Verzicht auf das Missionieren, ist aber, wie ich meine, die Mindestvoraussetzung für die Friedfertigkeit einer Religion. Denn seit zweitausend Jahren bietet die Expansion der Religionen, sowohl der christlichen als auch der Muslimischen, bis heute Anlässe für Kriege gegen die „Ungläubigen".

Dr. Jürgen Sänger gab in seiner Antwort Robert Becker weitgehend Recht. Aber er beharrte darauf, dass es Juden gebe, die durch ihr Verhalten den Antisemiten Argumente lieferten. Eine solche Behauptung ist natürlich abwegig, weil Antisemiten aus Prinzip alle Juden ablehnen, ganz unabhängig von deren Verhalten. Dabei ist die Ablehnung einer ganzen Gruppe aufgrund des Verhaltens, das einzelnen Individuen zugeschriebenen wird, absolut unannehmbar. Die Deutschen etwa sind zu Recht empört, wenn sie alle ohne Unterschied als Nazis bezeichnet werden. Jeder Mensch ist zunächst für sein eigenes Handeln verantwortlich und nicht für die Volksgruppe der er angehört oder der er gegen seinen Willen zugerechnet wird.

In der expliziten Benennung von Henry Morgenthau, Ilja Ehrenburg und Rabbiner Rosen als Juden, die den Gedanken der Rache an den Judenschlächtern äußerten und damit angeblich den guten Leumund der Juden zerstörten, schwingt als Gegenposition der Jesus zugesprochene Grundsatz: *„Wenn dich einer auf die linke Backe schlägt, dann halt ihm auch die andere hin"*. Wie unrealistisch dieser Grundsatz war und ist, angesichts des praktizierten Willens der einstigen Nationalsozialisten, aber auch der heutigen radikalen Palästinenser, das ganze jüdische Volk zu vernichten, braucht man nicht weiter zu erläutern.

Mit der außerdem wiederholt postulierten Gleichsetzung der Vernichtung der Juden in Auschwitz mit der Bombardierung Dresdens hat Dr. Sänger die sich selbst zugeschriebene moralische Integrität endgültig verspielt. Sein vermeintlicher „Kampf gegen den Antisemitismus" wurde damit weitgehend unglaubwürdig. Dr. Sänger reihte sich in die Schar jener Deutschen ein, denen die Verstrickung ihrer nächsten Vorfahren in die Untaten des nationalsozialistischen Systems bis heute das Blickfeld verengt. Hinzu kommt bei ihm die nicht zu vernachlässigende nationalsozialistische Indoktrination im Kindesalter, die in kritischen Situationen Verteidigungsreflexe des Mitglieds der einst verschworenen Gruppe der Hitlerjugend weckt.

Jüdische Verschwörung gegen Deutschland

Nun meldete sich wieder Randulf Olafson aus Norwegen zu Wort. Bis jetzt setzte er seine antisemitischen Stereotype lediglich zur Verteidigung der Rechte der Palästinenser und gegen die vermeintliche Infragestellung ihrer Rechte auf das Land durch die Zionisten ein. Doch Dr. Sängers Stichworte „Zweiter Weltkrieg" und „Bomben der Alliierten auf Deutschland" rissen bei Randulf Olafson die von ihm bis jetzt selbst auferlegte Schranke politisch korrekter Meinungsäußerung nieder. Nun ließ er seine Maske der Objektivität und Friedensliebe endgültig fallen. Mit missionarischen antisemitischen Eifer und „gebührender" Schärfe reagierte er auf das Schreiben von Dr. Jürgen Sänger, unter Anführung bekannter nationalsozialistischer „Beweise" für die Schuld der Juden am 2. Weltkrieg und damit an dem Elend der Deutschen während und nach dem Krieg. Der Leser kann sich nun auf eine ziemliche Zumutung für den gesunden Verstand gefasst machen.

25.08.2008

Randulf Olafson

Betreff: Antisemitismus

Sehr geehrter Herr Dr. Sänger,

Sie saßen damals im Luftschutzkeller, weil die Juden in England und ihre Mitläufer Deutschland einen Krieg aufzwangen. Nach dem Polenfeldzug bot Hitler England und Frankreich einen Frieden an. Aber das judendurchdrungene England mit Churchill als deren Sachwalter sagte "nein!"

Dann nach Dünkirchen, wo England mit gebrochenen Rücken lag, bot Hitler ihnen noch einmal den Frieden an. Noch mal erlaubten die Juden England nicht auf dieses Friedensangebot einzugehen und es anzunehmen.

Wer hat denn angefangen Zivilisten zu bombardieren??? Der erste Luftangriff, der sich rein gegen die Zivilbevölkerung richtete, flog die britische RAF[53] am 11 Mai 1940 auf Mönchengladbach, einen Tag nachdem Churchill, ein Jude - seien Mutter war Jüdin, britischer Premier geworden war.

Haß stammt aus dem Talmud und ist etwas was die Juden gegenüber den Nicht-Juden nicht nur fühlen, sondern regelrecht kultivieren (Lesen Sie Beispielsweise die Russophobie von Safarowitsch, da werden Sie sehen, was darunter verstanden werden kann). Noch einmal zitiere ich aus dem Talmud.

Schabbath Fol 89 a: "Was bedeutet Har Sinaj? Es be-

---

53 Royal Air Force – britische Luftwaffe.

deutet einem Berg, von welchem der Hass über alle Völker der Welt sich ausgebreitet hat."

Klar und deutlich sagt hier den Talmud: Wir, die Juden, sind die einzige die hassen dürfen und sollen und dann auch wenn sie darin so recht aufgegangen sind, müssen!!!

Hören Sie bitte jetzt endlich mal auf mit Ihrem unhaltbaren Zionistischen Quatsch. Von einem Doktor ist zu erwarten, dass er in der Lage ist, die elementarsten Schlussfolgerungen auf dem Gebiet der Natur- und Geisteswissenschaften nachzuvollziehen und in logischen Denkprozessen geschult ist.

Herr Sänger er ist höchste Zeit dass Sie anfangen über die jüdischen Angriffe auf Deutsche Menschen, den getäuschten Deutschen zu berichten. Erzählen Sie allen über die vielen Juden die nach dem Krieg als US-Soldaten gleichen Schlages wie ihre Glaubensgenossen aus dem Osten, die Kommissaren in der Roten Armee und NKWD, getarnt deutsche Frauen, Mädchen und Kinder vergewaltigten.

Erzählen Sie uns allen, warum einige Juden das Trinkwasser in Nürnberg, Gruppe NAKAM, -dieses Wort heißt "Rache" auf Hebräisch! vergiften wollten.

Sie haben bestimmet von dieser Gruppe NAKAM gehört. Der Jude Leipke Distel in Wilna geboren, er lebte lange Zeit in Israel. Sie können darüber in Erlanger Nachrichten vom 2 September 1999 lesen. Rache für die anständige und nachweislich wirklich humane

Behandlung, die sie von den deutschen NS-Stellen erhielten; Bitte Herr Sänger, lesen Sie was der mörderische Jude den Erlanger Nachrichten erzählte und dann sagen Sie es uns. Die Gruppe NAKAM wollte auch das Mehl das für Brot für deutsche gefangene Soldaten, die in STALAG 13 waren vergiften.

Viele die dort gefangene Waffen SS Soldaten und Offiziere starben als Folge von was NAKAM tat. Um sicher zu gehen bestrichen die Gruppe NAKAM am 13 April 1945 3,000 Stück Brot mit Arsenik.

Als dieser Jude seine Mordgeschichte erzählte lebte er in Israel von den finanziellen Zuwendungen also von dem Geld das die Adenauer-BRD ihm als "Rente" zuschickte.

Herr Sänger kennen Sie nicht die Geschichte ihrer jüdischen Mörderfreunde?

Herr Sänger hören Sie auf, mit Ihren Phantastereien über Auschwitz zu fabulieren; Das ist nicht gesund, weder für Sie noch für die anderen.

Auschwitz war ein Arbeitslager und nichts anderes. Wenn Sie mich nur einen Gaskammer zeigen kann wo ich Preußisch Blau finden kann, dann gebe ich zu - Auschwitz war ein Vernichtungslager, sonst war es NICHT. Für einen Doktor der Chemie, wie Sie einer sein sollen, ist das leicht nachzuvollziehen; Ich kann gerne Sie auf die entsprechenden wissenschaftlichen und einwandfreien Arbeiten auf diesem Gebiet verweisen; Oder sind Sie gar kein Dr. der Chemischen Wissenschaft? Entschuldigen Sie aber der Verdacht, dass Sie überhaupt nicht wissenschaftlich geschult sind ,liegt sehr nahe, ablesbar an der Art Ihres auf diesem Gebiete ganz unzulänglichen Denkens; Ich bin gerne bereit, meine Sicht der Dinge zu revidieren, wenn Sie mir fundierte und kongruente Beweise anbringen sollten; Sonst muss ich Sie leider als sich anmaßenden blutigen Laien beurteilen, der seine Umgebung hinters Licht aus leeren Geltungsbedürfnissen und Querulieren führen will.

mfG

Randulf J. Olafson. (Diplomingenieur) Norwegen

Nun wurde deutlich, woher Randulf Olafsons Affinität zu den Palästinensern und seine strikte Ablehnung Israels ihre Wurzeln hatten: In der arabisch-deutschen Freundschaft während der Nazizeit. Seine Argumentation, die ihn als Kenner des Talmuds ausweisen soll, ist nichts anderes als die Übernahme von Hasstiraden aus dem „Stürmer". Olafson zitiert aus dem Talmud, Schabbath Fol 89 a:

> *"Was bedeutet Har Sinaj? Es bedeutet einem Berg, von welchem der Hass über alle Völker der Welt sich ausgebreitet hat."*

Nun kann man die Korrektheit dieses Zitats im Internet überprüfen. Man findet den folgenden Text:

> *Was ist die Bedeutung des Berges Sinai? Es ist der Berg, von dem die Feindseligkeit gegen die Götzendiener herabkam.*

Das macht im Kontext des Bemühens von Moses um die Einhaltung der Gebote durch die um ihn gescharrten Israeliten und im Zusammenhang mit seinem Kampf gegen den Götzendienst, der sich unter anderem im Tanz der Israeliten um das goldene Kalb ausdrückte, einen Sinn. Es geht hier auch darum, dass die Basis des Friedens unter den Menschen die zehn Gebote sein sollten, die Moses auf dem Berg Sinai von Gott empfangen haben soll. Das von Olafson zitierte menschenfeindliche Zitat entpuppt sich als eine bösartige antisemitische Fälschung. Ähnlich sind die anderen Einlassungen Olafsons zu bewerten.

Dass Churchills Mutter Jenny Jeromme angeblich einer jüdischen Familie entstammte, ist ein Mythos, der in Nazi-Kreisen bis heute hochgehalten wird, um Churchill so eine jüdische Abstammung anzudichten. Der ursprüngliche Name des Vaters von Churchills Mutter soll demnach Jacobson gewesen sein, den er in Jeromme abgeändert habe. Da Churchill in deutschen Nazi-Kreisen wegen des Bombenkriegs gegen Deutschland bis heute als der Teufel schlechthin betrachtet wird, ist es in der Nazi-Logik nur folgerichtig, ihn als einen verkappten Juden zu sehen, da ihnen die Juden als die Verkörperung des teuflischen Prinzips gelten. Nebenbei gesagt, jüdischen Menschen käme eine Subsumierung Churchills unter Juden sehr entgegen, weil er als Nobelpreisträger für Literatur die jüdische Statistik der Nobelpreisträger verbessern würde[54].

Ebenso gilt Roosevelt für die Nazis als Jude, dessen ursprünglich jüdischer Name Rosenfeld gewesen sein soll. Stalins Name Dschugaschwili wird von nazistischen Verschwörungstheoretikern für die Sprachunkündigen aus dem Georgischen in „Sohn eines Juden" übersetzt. Damit ist die jüdische Weltverschwörung gegen Deutschland komplett. Nun gibt es aber Quellen, in denen behauptet wird, Hitler sei ein Vierteljude gewesen, denn seine Großmutter Maria Anna Schicklgruber habe in Graz als Putzfrau ein Verhältnis mit ihrem Auftraggeber, dem Juden Frankenberger, gehabt. War demnach also auch der Nationalsozialismus eine jüdische Verschwörung? Eine Diskussion auf dieser Ebene wird ganz offensichtlich absurd. Selbst nachgewiesene jüdische Abstammung über vier Ecken hat auf das Verhalten eines Menschen und sein Weltbild kaum einen Einfluss.

Die den Juden unterstellten Rachegedanken hätten aber, auch ohne an Auschwitz zu denken, ihre volle Berechtigung. Zu diesem Schluss kommt man zwangsläufig, wenn man die unmittelbar nach dem Krieg niedergeschriebenen Erinnerungen überlebender Juden liest, etwa in dem Buch „Der Kutscher und der Gestapo-Mann"[55]. Und wenn man sich auf die Unterstellung, Churchill und Roosevelt seien jüdischer Abstammung und deshalb Werkzeuge der Juden gewesen, einlässt, wird es vollkommen unplausibel, warum sie angesichts ihrer Beherrschung des Luftraumes im Zweiten Weltkrieg nichts gegen die ihnen von Agenten berichtete fabrikmäßige Massentötung der Juden in Auschwitz

54 Winston Churchill erhielt 1953 den Literaturnobelpreis für seine historischen und biografischen Werke.
55 Gabriel Berger, Der Kutscher und der Gestapo-Mann, Lichtig Verlag Berlin, 2018.

unternommen hatten. Was Nazis heute darauf antworten, wissen wir und können es in dem letzten Schreiben von Randulf Olafson lesen: Die Gaskammern hat es in Auschwitz nicht gegeben, denn *„Auschwitz war ein Arbeitslager und nichts anderes"*. Solche Äußerungen belegen eine vollständige Resistenz gegen anderslautende historische Beweise sowie Erinnerungen von noch lebenden Zeitzeugen. Doch Dr. Jürgen Sänger versuchte immer noch, den Hitler-Anhänger Randulf Olafson mit Argumenten zu überzeugen:

25.05.2008

Dr. Jürgen Sänger

Sehr geehrter Herr Olafson,

den Vernichtungswillen gegenüber den Juden hatte Hitler schon 1925 schriftlich zum Ausdruck gebracht (siehe Anlage). Wie konnte man von Juden 1940 erwarten, ein Friedensangebot Hitlers ernst zu nehmen?

Mit freundlichen Grüßen

Jürgen Sänger

Die im Anhang genannte Anlage zum Schreiben von Dr. Jürgen Sänger zu Äußerungen Hitlers sollte den von alten und neuen Nazis propagierten angeblichen Friedenswillen des Nazi-Führers widerlegen. Solche Beweise sind aber in den Augen eines überzeugten Nationalsozialisten ohne Relevanz. Und dem gutwilligen Dr. Jürgen Sänger entging es offensichtlich, dass er dem nazistischen Antisemiten Randulf Olafson auf dem Leim gegangen war. Denn er widersprach nicht seiner Unterstellung, dass Juden in der Nazizeit Großbritannien beherrscht hätten und folglich die wahren Hintermänner der britischen Politik gewesen seien. Welche Relevanz konnte es haben, ob „die Juden" Hitlers Friedensangebot ernst nahmen oder nicht? Schließlich waren sie weder Gegenstand noch Subjekt der zwischenstaatlichen Konflikte vor dem Ausbruch des Zweiten Weltkrieges.

Es scheint kein Zufall zu sein, dass hier ein Norweger eine so dezidiert nationalsozialistische Position vertrat. Denn der Name des Ministerpräsidenten der norwegischen Vasallenregierung unter deutscher Herrschaft 1942 bis 1945, Vidkun Quisling, ist zum Symbol der Kollaboration eines von der Wehrmacht besetzten Landes mit den Nazis geworden.

Randulf Olafson, möglicherweise ein Abkömmling der Wikinger, zeigte sich als würdiger Vertreter der „nordischen Rasse" und führte als solcher Hitlers Kampf gegen die „jüdischen Volksverderber" fort. Vielleicht aber, das werden wir nie erfahren, handelte es sich bei ihm um eines von etwa 12.000 Kindern, die während des II. Weltkrieges in Norwegen von deutschen Soldaten gezeugt wurden[56]. Und häufig kommt es bei Menschen, die im jugendlichen oder erwachsenen Alter die bis dahin geheim gehaltene Abstammung erfahren, zu einer Überidentifikation mit der verborgen gehaltenen elterlichen Ideenwelt. Bekannt ist dieses Phänomen etwa in Polen von katholisch erzogenen jüdischen Kindern, die erst als Erwachsene erfahren, dass eines ihrer Eltern jüdisch gewesen ist. Tausende solcher Menschen sind in den letzten Jahren in Polen jüdischen Gemeinden beigetreten[57]. Ein analoges Phänomen ist aber auch denkbar, wenn der geheim gehaltene Vater ein deutscher Nazi gewesen ist.

---

56 http://www.fr.de/panorama/norwegen-die-vielen-kinder-des-heinrich-himmler-a-580684.

57 Dabei werden in Polen auch „Vaterjuden" ohne eine jüdische Mutter als Juden anerkannt, obwohl nach dem jüdischen Gesetz (Halacha) Jude nur jemand ist, der eine jüdische Mutter hat.

Waren die Juden am Zweiten Weltkrieg schuld?

Unbeeindruckt von Dr. Sängers Argumenten entfaltete Randulf Olafson, dessen Äußerungen aus der Ideenwelt des Nationalsozialismus in Norwegen nicht unter Strafe stehen, weiter seine antisemitische Argumentation, die sich wie ein Zitat aus dem „Völkischen Beobachter"[58] liest:

26.05.2008

Randulf Olafson.

Sehr geehrter Herr Sänger,

Es ist zugleich interessant und kennzeichnend, dass Sie die vielen Friedensangebote, die Deutschland an England machte und jene, die andere Mächte (etwa Belgien, Vatikan, Italien, Holland) machten, und die samt und sonders von England abgelehnt wurden, mit den Worten hinweg "erklären", dass Sie sagen, DIE JUDEN hätten die Friedensangebote nicht ernst genommen. Damit lassen Sie erkennen, dass Sie schon wissen, welche Kräfte hinter dem Kriegsausbruch standen, und welche Mächte schon 1932 erklärt hatten, Deutschland müsse wieder einen Krieg bekommen und 1933 Deutschland den Krieg erklärten. Das waren nach dem Urteil von Neville Chamberlain "die Juden und die Amerikaner". Und von wem Roosevelt und die US-Spitze schon damals gelenkt war, das brauche ich wohl nicht einmal Ihnen zu erläutern!

Churchill, einmal gefragt, wie man denn diesen Krieg einmal nennen werde, sagte: "Den "unnötigen Krieg"! Denn niemals wäre ein Krieg leichter zu vermeiden, leichter zu beenden gewesen als dieser."

---

58 Von Dezember 1920 bis zum 30. April 1945 das publizistische Parteiorgan der NSDAP.

Freundliche Grüße

Randulf Olafson

Darauf antwortete der scharfe Gegner des Antisemitismus Rolf Peters wie folgt:

26.05.2008

Rolf Peters

Betreff: Antizionismus, Antijudaismus!

Lieber Herr Olafson,

Ich komme erst jetzt dazu auf ihre bunt durcheinander gewürfelten Vorwürfe einzugehen. Einerseits sind sie so naiv, aber andrerseits gibt es doch eine Reihe von Leuten die genauso wirr denken wie Sie, dass ich mir die Mühe machte auf Ihre Vorwürfe teilweise einzugehen.

Zur Frage Antisemiten hat Herr Sänger schon kurz geantwortet und das unter dem Begriff Antizionismus nichts anderes als eine Variante des sogenannten Antisemitismus steckt, ist ja ziemlich offensichtlich.

Auf Ihr Argument dass eine unüberschaubare Menge von Leuten so denken, es mithin "Mainstream" wäre, möchte ich zu bedenken geben, das es damit nichtautomatisch richtig wird, weil viele denselben Fehler machen.

Ja, es gibt durchaus einiges zu kritisieren im Staat Israel, aber das was sie aufführen muss man etwas genauer betrachten.

Mit freundlichen Grüßen

Rolf Peters

Mainstream waren seinerzeit in Deutschland auch die nationalsozialistischen Ideen und vor dem 2. Weltkrieg durfte man in fast allen europäischen Ländern mit Stolz verkünden, dass man ein Antisemit sei.

Während sich Rolf Peters auf die antisemitischen Hasstiraden Randulf Olafsons argumentativ einließ, waren

diese für den bislang sehr toleranten und nachsichtigen
Dr. Jürgen Sänger des Guten zu viel:

26.05.2008

Betreff: Staat Israel

Dr. Jürgen Sänger

Sehr geehrter Herr Olafson.,

*Ihr Stil ist sehr ähnlich dem NS-Stil, den ich noch aus
meiner Hitlerjungen-Zeit kenne: Fehlende Argumente
werden durch eine stramme Haltung ersetzt. „Die
Juden sind unser Unglück" stand auf jeder Ausgabe des
„Stürmer" in dicken Lettern. Dieser Satz ist in den Köpfen einbetoniert und macht immun gegen jeden Dialog.*

Mit freundlichen Grüßen

Dr. Jürgen Sänger

Offensichtlich war Dr. Jürgen Sänger mit seiner geduldi-
gen Überzeugungsarbeit am Ende. Er hatte es anscheinend eingesehen, dass es Menschen gibt, die gegen Argumente und beweisbare Tatsachen resistent sind. Sie
leben in einer hermetisch abgeschlossenen Scheinwelt,
in der sich die alte, von ihnen als idyllisch wahrgenom-
mene oder von Eltern als solche übermittelte Nazizeit
konserviert hat. Für sie gibt es nicht die „Gnade der späten Geburt". Das nationalsozialistische Weltbild, das
ihnen als Hitlerjungen und in nazistisch geprägten Fami-
lien eingeimpft wurde, begleitet sie bis ins Grab.

Eine deutsche Frau verteidigt ihre Landsleute

Nun meldete sich Dagmar Bartel, die den Disput bis jetzt
offensichtlich aufmerksam verfolgt hatte, zu Wort und
richtete an Dr. Jürgen Sänger und seine Mail-Runde ihre
mit Randulf Olafson übereinstimmende Meinung. Es ist

erstaunlich, wie sich bei ihr der nationalsozialistische BDM[59]-Stil bis in die Gegenwart konserviert hat:

27.05.2008

Dagmar Bartel

Sehr geehrter Herr Sänger,

geht es jetzt wieder von vorne los?

Ihre nimmer endende Mantra von den unschuldigen Juden und dem unverdienten Hass, der auf sie zukommt!

Haben Sie denn kein anderes Thema? Wann gehen Sie endlich mal auf die Dinge ein, die andere sagen, wie Herr Olafson und die jeder, der die Wahrheit liebt weiß, dass sie wahr sind: die unvergleichlichen Lügen und Gräueltaten die von Juden in hohen und nicht so hohen Positionen ausgehen. Die Juden haben England, die "City of London" in 1689 erobert und haben die Welt mit Kriegen und Mord übersät.

Rühren die DEUTSCHEN Schicksale Sie denn gar nicht? Nein? Sie haben abgeschaltet? Nur jüdische Schicksale interessieren Sie? Ganz gleich was mit meinen deutschen Landsleuten geschehen ist? Sie glauben alle Propaganda gegen mein deutsches Volk? Sefton Delmer[60] ist Ihr ehrenhafter Prophet der unrüttelbaren Wahrheit?

„Das war ja zu erwarten", meinen Sie, "mit einem Mann wie Hitler! Das geschieht den Deutschen recht!" Diese Einstellung kommt immer wieder durch, Herr Sänger.

---

59 BDM: Bund Deutscher Mädel, war in der Zeit des Nationalsozialismus der weibliche Zweig der Hitlerjugend (HJ)

60 Britischer Chefpropagandist im 2. Weltkrieg. Ein Zitat aus seinen Erinnerungen (1963): „Man mag heute darüber sagen, was man will, Deutschland war im Jahre 1936 ein blühendes, glückliches Land. Auf seinem Antlitz lag das Strahlen einer verliebten Frau. Und die Deutschen waren verliebt - verliebt in Hitler." Quelle: https://beruhmte-zitate.de/autoren/ sefton-delmer/.

Ich kann mir nicht vorstellen, dass Sie wirklich ein Deutscher sind. Wann legen Sie endlich Ihre Maske ab und sagen uns klar für wen Sie arbeiten!

Mit Grüßen von

Dagmar Bartel

Über so selbstverständliche Dinge, wie *„die unvergleichlichen Lügen und Gräueltaten die von Juden in hohen und nicht so hohen Positionen ausgehen"* braucht man nach Dagmar Bartel ebenso wenig zu diskutieren, wie darüber, dass am Morgen die Sonne aufgeht. Auch die von ihr genannten und für sie selbstverständlichen „historischen Tatsachen" sind vermeintlich über jeden Zweifel erhaben. Wenn ich sie richtig verstanden habe, war Oliver Cromwell ein Jude. Und die Französische Revolution, wie selbstverständlich auch die russische, waren Werke von Juden. Jeder politische Umsturz in der Geschichte war den Juden anzulasten. Neben den Juden auch die Freimaurer und Illuminaten als Hintermänner der Umstürze dingfest zu machen, ist allerdings heute aus der Mode geraten.

Der unermüdliche, immer um Sachlichkeit und Seriosität bemühte Dr. Jürgen Sänger hielt Dagmar Bartel noch nicht ganz für verloren und antwortete ihr:

27.05.2008

Dr. Jürgen Sänger

Sehr geehrte Frau Bartel,

es geht mir darum, dass Pauschalurteile immer falsch und deshalb abzulehnen sind. Es gibt leider viel Fehlverhalten von Verantwortungsträgern. Es müssen aber die konkreten Einzelfälle untersucht werden.

Wahrscheinlich hat es keinen Sinn, auf Ihre absurden Äußerungen einzugehen.

Die Katastrophe von 1945 war die Folge des Antisemitismus und der wahnsinnigen Politik Hitlers.

Mit freundlichen Grüßen

Jürgen Sänger

War Auschwitz nur ein Arbeitslager?

Nun schaltete sich ein Diskutant in den Disput ein, der seine Identität nicht offen preisgeben wollte und deshalb nicht mit dem Namen, sondern lediglich mit einem Buchstaben unterschrieb:

27.05.2008

T. Berlin

Hallo Streithähne

Mein polnischer Geschäftskollege erzählte mir anlässlich der Besichtigung der Gaskammer (4x5 m, mit nach innen gehenden Türen), dass hier niemals ein Mensch vergast worden ist.

Die Leichenbeseitigung (Krankheit, Überarbeitung, Hungertod) sind in der Umgebung erfolgt, in ausgehobenen Gruben, es hat dann hier auch Einäscherungen gegeben, weil man auf diese Weise Grundwasserverunreinigungen verhinderte.

Auschwitz war also ein einziges großes industrielles Arbeitslager (IG-Farben).

Thies Christophersen[61] hatte hier ein landwirtschaftliches Projekt zur Ernte-Ertragssteigerung geleitet, er hat hier bis zum Schluss gewirkt und er sagte: Ich habe immer wieder meine ausgesuchten Arbeitskräfte bekommen.

Thies Christophersen musste sich wegen seiner veröffentlichten Chroniken in Dänemark verstecken.

---

61 Autor der 1973 veröffentlichten Broschüre „Die Auschwitzlüge". Er äußerte sich als vermeintlicher Sachkenner über Auschwitz, weil er selbst im KZ Auschwitz Landwirtschaftsbetriebe geleitet hat, in denen Häftlinge als Arbeitskräfte eingesetzt wurden.

Sein Sohn, mein örtlicher Zeitgenosse ist inzwischen auch leider von uns gegangen worden (Flugzeug-absturz) Thies Christophersen sollte rehabilitiert werden, seine Enkeltöchter und Schwiegertochter sollte entschädigt werden. Ich werde das demnächst auf die Tagesordnung im Neuschwabenland-Treffen setzen...

T. Berlin

Jetzt war die Runde um einen weiteren Auschwitzleugner vergrößert. Der braune Geist entwich ungehemmt aus der Flasche. Liest man die Reaktion von Dr. Jürgen Sänger, ist man von seiner Sprach- und Hilflosigkeit erschüttert.

28.05.2008

Dr. Jürgen Sänger

Sehr geehrter Herr T.,

eine wichtige Maxime ist für mich das Wort von Adolf von Harnack:

"Wissenschaft ist Erkenntnis des Wirklichen zu zweck-vollem Handeln".

Auf jeden Fall ist es wichtig, die Wahrheit herauszufinden. Die Wahrheitsfindung darf niemals durch politische Gewalt, von welcher Seite auch immer, verhindert werden.

Mit freundlichen Grüßen

Dr. Jürgen Sänger

Dr. Jürgen Sänger war also bereit, mit einem Auschwitzleugner über die Wahrheit zu diskutieren, als sei es überhaupt möglich ihn vom Gegenteil zu überzeugen.

Der Auschwitzleugner T. fand aber in Dagmar Bartel eine vorbehaltlose Anhängerin:

28.05.2005

Dagmar Bartel

Sehr geehrter Herr T.,

Ja, die Polen sind ein gewieftes Volk. Sie wissen dass die

"Gaskammern" später gebaut wurden, dass Vergasungen unmöglich waren und all das, aber es ist so schön Geld daraus zu machen, mit all den Touristen in dem Auschwitz Vergnügungspark.

Die Polen juckt das alles gar nicht, ob Wahrheit oder auch nicht!

Außerdem ist es nett den ewig gegenwärtigen polnischen Hass gegen die Deutschen zu schüren.

Grüße von Dagmar

Sie unterschrieb nur mit dem Vornamen, ganz vertraulich, womit sie anscheinend die geistige Nähe zu dem Verfasser T. dokumentieren wollte. Nun waren also an der „Auschwitzlüge" nicht die raffgierigen Juden, sondern die raffinierten und geschäftstüchtigen Polen schuld.

Noch immer im Glauben an die Überzeugungskraft der Worte und der historischen Wahrheit, belehrte nun Dr. Jürgen Sänger Frau Dagmar Bartel:

28.05.2005

Dr. Jürgen Sänger

Sehr geehrte Frau Bartel,

auf jeden Fall ist es Aufgabe der historischen Wissenschaft, an die geschichtliche Wahrheit so nahe wie möglich heranzukommen. Ein entscheidendes Hindernis auf diesem Wege sind die Pauschalisierungen, von denen Sie nicht loskommen. Pauschalisierungen sind Ausdruck eines primitiven Weltbildes, das der Neigung zum Denkverzicht entgegenkommt.

Mit freundlichen Grüßen

Jürgen Sänger

Provoziert von den antisemitischen Einlassungen der Auschwitz-Leugner schaltete ich mich wieder in das Gespräch ein:

29.05.2008

Gabriel Berger

Sehr geehrter Herr Dr. Sänger,

Herr Kaule., Herr Olafson, Frau Bartel, Herr T. und andere bestätigen lediglich, dass es sich bei den meisten Juden- wie Israelhassern um unheilbare Paranoiker handelt, die eigentlich in eine geschlossene Anstalt gehören, nicht um geheilt zu werden, weil dieses Unterfangen nie gelingen würde, sondern lediglich, um die Menschheit von der Zumutung zu befreien, diese Individuen ihrer Gattung zuordnen zu müssen.

Verrückte gab es zu allen Zeiten und sie werden nie aussterben. Von einem Erfolg des Humanismus kann man sprechen, wenn eine Mehrheit von Menschen diesem Wahn nicht verfällt. Der deutsch-national inspirierte Wahn fristet zum Glück heute nur ein Dasein in Nischen, in denen sich solche prähistorischen Dinosaurier, wie Herr Olafson tummeln. Seinen Platz übernimmt heute der Islamfaschismus, von dem die zwanghafte Rückbesinnung auf den archaischen Feind, nämlich "den Juden" bewusst ablenkt. Jene Liebhaber des Deutschtums und Israelhasser sind de facto die Türöffner für den Vorstoß des Islamismus nach Europa, indem sie die humanistischen westlichen Werte, sowie die Solidarität aller westlich orientierter Nationen, zu denen nun mal auch die israelische zählt, aufkündigen. Da es aber eine weltumspannende Solidarität des islamischen Mittelalters gibt, siehe Salman Rushdie, die Mohamed-Karikaturen oder 11. September, ist es ein Verbrechen, die Solidarität des humanistisch gesinnten Westens zugunsten rückwärtsgewandter antijüdischer und antiisraelischer Haltungen aufzukündigen.

De facto reihen sich die Israel- und Judenhasser mit dem Iran, der Hamas, Hisbollah und Al-Quaida in eine Einheitsfront gegen die westlichen Ideen der Aufklärung, des Humanismus, der Toleranz und Menschenrechte, zugunsten eines rückwärtsgewandten nationalen Provinzialismus ein, der letztlich der globalen Be-

drohung durch den Islamismus Vorschub leistet.

Soweit einige Randbemerkungen zu den paranoiden Ausfällen der selbsternannten Welterlöser.

Mit freundlichen Grüßen

Gabriel Berger

Der IS hat damals, im Jahre 2008, noch nicht existiert. Die globale Bedrohung durch den Islamismus war aber nach dem Anschlag auf die Twin Towers am 11. September 2001 allgegenwärtig.

Der „deutsche Christ"[62] verteidigt seine Landsleute

Der immer auf höflichen Ton und auf Sachlichkeit bedachte Diskussionsleiter der Runde Dr. Jürgen Sänger wies mich nun zurecht, indem er seine vom Bombenkrieg der Westalliierten und von der Grausamkeit der Russen gepeinigten deutschen Landsleute in Schutz nahm:

29.05.2008

Dr. Jürgen Sänger

Betreff: Re: Staat Israel

Sehr geehrter Herr Berger,

in gleicher Weise wie Sie lehne auch ich den Antisemitismus ab. Es ist jedoch nicht der richtige Weg, die Antisemiten einzusperren. In der Sowjetunion brachte man Christen in psychiatrische Kliniken.

Manchmal verbergen sich hinter Antisemitismen trau-

---

62 Als „deutsche Christen" bezeichnete sich eine rassistische, antisemitische und am Führerprinzip orientierte Strömung im deutschen Protestantismus, die diesen von 1932 bis 1945 an die Ideologie des Nationalsozialismus angleichen wollte.

Man kann sich darüber streiten, ob die notorischen Ju-
den- und Israel-Hasser psychisch gestört sind oder nicht.
Ganz sicher sind sie unter Verfolgungswahn leidende
Anhänger von Verschwörungstheorien.

In der Korrespondenz mit mir, einem Juden, wurde der
vermeintliche Judenfreund Dr. Jürgen Sänger plötzlich
zum verständnisvollen Verteidiger der leidgeprüften,
durch den Krieg traumatisierten Deutschen. Und natürlich war Auschwitz nicht so schlimm wie Karlag (Kara-
ganda Lager), die kasachische Filiale des sowjetischen
Gulag. Das war ein Argument zur Entschuldung der
deutschen Naziverbrecher, die Dr. Jürgen Sänger jetzt
vor meinem jüdischen Rigorismus in Schutz nahm. Ob
die Bedingungen im Karlag besser oder schlechter als in
Auschwitz gewesen sind, können, wenn überhaupt, nur
Historiker entscheiden. Im Karlag sollen aber „nur" etwa
10 % der Häftlinge an Krankheiten, Hunger oder Auszeh-
rung gestorben sein, im Vernichtungslager Auschwitz-
Birkenau dagegen wurden Menschen systematisch und
mehrheitlich ermordet. Welchen Sinn hat es da, von
besseren oder schlechteren Bedingungen im Karlag zu
sprechen?

Und die 6 Millionen, sind sie ernst zu nehmen, wenn sie
von dem Deutschenhasser Ilja Ehrenburg in Umlauf
gebracht wurden? Was Dr. Jürgen Sänger offensichtlich

nicht weiß, die Zahl 6 Millionen ist zuerst nicht von dem russisch-jüdischen Schriftsteller Ilja Ehrenburg, sondern von dem Organisator und Buchhalter der Judenvernichtung Adolf Eichmann in Umlauf gebracht worden. Und er musste es wissen. Es gibt offensichtlich Deutsche, die von der Judenausrottung durch ihre Landsleute so traumatisiert wurden, dass sie es den Juden übelnehmen, dass einige von ihnen noch am Leben geblieben sind. Man muss die durch noch lebende Juden bedrängten Deutschen natürlich nicht in die geschlossene Psychiatrie einliefern, solange sie nur mit Worten um sich schlagen. Man darf allerdings als jüngerer Mensch, auch als junger Deutscher, aufatmen, wenn diese in der HJ gehirngewaschenen, aber durch die „Gnade der späten Geburt" um eine direkte Mittäterschaft in der Nazizeit Herumgekommenen vom biologischen Schwund erfasst werden.

29.05.2008

Gabriel Berger

Sehr geehrter Herr Dr. Sänger,

in meinem Leben bin ich sehr vielen Antisemiten begegnet. Und ich kann unmöglich daran glauben, dass ihre Empfindungs- und Gedankenwelt einem Trauma zuzuschreiben wären. Es sei denn einer Trauma-Umkehrung. Denn viele Deutsche sind durch die Kenntnis der Verbrechen an Juden nach dem Krieg in der Tat traumatisiert worden, was bei ihnen zu dem Umkehrschluss geführt hat: "Wir werden Auschwitz den Juden nie vergeben". In diesem Sinne Äußern sich die Meisten in den an Sie gerichteten Schreiben. Man braucht sich nicht zu wundern, wenn viele junge Deutsche der nächsten Generation Deutschenhasser geworden sind. Bei Eltern, die so denken, wie es in den meisten an Sie gerichteten Emails präsentiert wurde, würde auch ich zu einem Deutschenhasser werden. Das scheint mir die einzig sinnvolle Reaktion angesichts eines so geballten Potenzials an unverbesserlichen Nazi-

anhängern oder Nazi-Rechtfertigern. Im Übrigen, es hat keinen Sinn und ist im Gegenteil kontraproduktiv oder selbstentlarvend, wenn den deutschen Konzentrationslagern der sowjetische Gulag entgegengehalten wird.

Es ist nicht möglich, ein Verbrechen durch ein anderes zu rechtfertigen oder zu entschuldigen. Ich habe den Verdacht, dass es in Deutschland eine für das humanistische Denken verlorene Generation, nämlich die der heutigen Rentner gibt, bei denen die Erziehung in der Hitlerjugend bis heute ihre Früchte trägt. Man kann für Deutschland nur hoffen, dass die nächsten Generationen die Fertigkeit erworben haben, über den beschränkten nationalen Tellerrand hinaus zu schauen und fähig sind, ihr Menschsein über die Zugehörigkeit zur Nation (oder Religion!) zu stellen. Das ist der Schlüssel zu einer friedlichen Welt.

Das "Abschließen" habe ich natürlich im symbolischen Sinne gemeint, so wie man gefährliche Waffen unter Verschluss hält. Denn die Gemeingefährlichkeit der Holocaustleugner, Antisemiten, der wutschnaubenden Israelfeinde und Hitler-Verehrer steht für mich außer Zweifel. Im Übrigen sind die meisten der genannten "Meinungen" nach deutschem Recht durchaus als Verbrechen einzustufen. Womit sich jene Kritiker an Juden auch als Gegner der bundesdeutschen Gesetzlichkeit (die doch von amerikanischen Juden diktiert wurde!) entlarven. Es fehlt ihnen nur noch der Handschlag mit dem iranischen Judenhasser Ahmadinedshad[63].

Mit freundlichen Grüßen

Gabriel Berger

Was ich hier nicht geschrieben habe, ist der hochaktuelle Bezug auf Muslime aus arabischen Ländern, die nach

---

63 Radikaler fundamentalistischer iranischer Politiker. Er war von 2005 bis 2013 Präsident der Islamischen Republik Iran.

Europa kommen und ihre antisemitische und israel-feindliche Indoktrination mitbringen, die ihnen durch die Schule und durch staatliche Medien eingeimpft wurde. Ob sie im Sinne westlicher humanistischer Werte „integrierbar" sind, ist in ihrem Fall nicht weniger zweifelhaft, als im Fall von Menschen, die durch das nationalsozialistische Bildungs- und Propagandasystem indoktriniert wurden.

Was blieb Dr. Jürgen Sänger nach meinen Angriffen übrig, als sich hinter religiösen Floskeln und der Larmoyanz eines im Krieg leidenden Deutschen zu verstecken?

30.05.2008

Dr. Jürgen Sänger, Diplomchemiker

Sehr geehrter Herr Berger,

Theodor Heuss zitierte in seiner Rede zur Gründung der Bundesrepublik die Bibel: "Gerechtigkeit erhöht ein Volk". Gerechtigkeit übersteigt unsere menschlichen Fähigkeiten. Wem gelingt es, die Verbrechen der Nationalsozialisten und die Verbrechen der Alliierten mit gleichem Maß zu messen?

Eine Bewältigung der Vergangenheit gelingt nur durch Vergebung. Der Jude Jesus hat uns gelehrt zu beten: "Vergib uns unsere Schuld wie auch wir vergeben unseren Schuldigern".

Auch Vergebung übersteigt unsere menschlichen Fähigkeiten. Nur der Gott Israels kann vergeben. Durch sein Vergeben erwies Jesus seine Göttlichkeit.

Ohne das Kreuz von Golgatha, an dem Jesus für unsere Schuld starb, ist Vergebung nicht möglich.

Wir Menschen können uns allenfalls um Wahrheit und Objektivität bemühen, auch um das Tolerieren einer freien Meinungsäußerung.

Mit freundlichen Grüßen

Jürgen Sänger

Wer, wie Dr. Sänger, die „Verbrechen der Nationalsozialisten" und die vermeintlichen „Verbrechen der
Alliierten" mit gleichem Maß messen will, hat sich als
Beschützer der Juden und Israels endgültig disqualifi-
ziert. Was bleibt, ist lediglich sein missionarischer Eifer,
die Juden vom „Messias Joshua" als dem Sohn Gottes zu
überzeugen.

Wie das Weltjudentum Deutschland den Krieg erklärte

Der als Nazi ganz von seiner Mission für Deutschland
und die „nordische Rasse" überzeugte Norweger Randulf
J. Olafson ließ sich von dem abweisenden Schreiben Dr.
Sängers nicht beirren. Er beharrte auf sein „Recht" auf
Information:

30.05.2008

Randulf Olafson

Sehr geehrter Herr Sänger

*Den Email-Brief den Ihr Freund, ein Mitläufer, Herr
Berger geschrieben hat, habe ich nie gekriegt. Wa-
rum??? Tauschen Sie und Ihre Judenfreunde Email-
Briefe unter sich aus??*

Randulf J Olafson

Sicher hätte ich meine Mails als Rundmails an alle Teilnehmer der Runde versenden können. Ich tat es nicht,
um meine Daten nicht an mir unbekannte, zweifelhafte
Personen weiterzugeben.

Der unermüdliche Missionar des nationalsozialistischen
Antisemitismus Randulf Olafson legte gleich nach. Er
holte das alte Nazi-Argument aus der Mottenkiste: die
„Kriegserklärung des Weltjudentums gegen Deutschland". So unhaltbar und abenteuerlich diese Rechtfertigung der nationalsozialistischen Verfolgung der Juden

ist, sie entbehrt auch jeder Logik. Denn Juden waren seit dem Ende des Aufstands von Bar Kochba gegen Rom 135 nach Christus bis zur Entstehung des Staates Israel im Jahre 1948 keine Kriegspartei, auch nicht in der Zeit des Nationalsozialismus, nie hatten sie über Divisionen verfügt.

Der Disput versickerte langsam, außer dem fanatischen Hitler-Anhänger Randulf Olafson und der BDM-Anhängerin Dagmar Bartels hatten offensichtlich alle Diskutanten das Handtuch geworfen. Sie wollten sich anscheinend nicht auf dieses Niveau herablassen. Weil aber Randulf Olafson wusste, dass es in der Mailrunde auch eifrige Nazi-Anhänger gab, brillierte er weiter mit seinem „historischen Wissen", das hete das „Standardwissen" der Neonazis ist.

30.05.2008

Randulf Olafson

Betreff: Nicht Antisemitismus, Antizionismus!!

Noch etwas Herr Sänger.

Sie können die Keule Antisemitismus, so unsinnig sie ist, und so wenig sie die reale Welt widerspiegelt, einfach nicht im Sack lassen! Sie plaudern bis ins Feinste jede zionistische Propagandathese nach! Dafür enthalten Ihre E-Briefe wenig Neues, wenige Argumente, aber desto mehr Chuzpe:

Die Juden haben Deutschland schon die Vernichtung angekündigt, als der gute Hitler noch tief in der Opposition steckte. Keiner hatte noch "Mein Kampf" gelesen, und bis 1945 haben wenige Deutsche es gelesen. Und nicht "eine englische Zeitung hat Deutschland einen Boykott angekündigt", sondern die englische Zeitung hat über die Kriegserklärung des Weltjudentums BERICHTET!!

Ein kleiner Unterschied, nicht wahr? Sie drehen die Worte im Mund um!

Es handelte sich eben nicht bloß um einen Boykott,

Der Daily Express vom 24.03.1933

des Weltjudentums gegen Deutschland, und der Boykott war zudem nicht bloß angedroht, sondern sehr real, und er hätte für das ausgeblutete Deutschland tödlich hätte sein können. Ausgeblutet von den Versailler Schandbestimmungen, die Herr Baruch (auch nicht ganz ohne Einfluss in der Finanzwelt!) entworfen hatte. Wer unter den Deutschen hatte denn damals, 1918 einem Juden ein Härchen gekrümmt? Waren es denn die Deutschen, die mit Milliardenkrediten aus den USA die jüdischen Bankhäuser für 'n Appel und 'n Ei aufgekauft haben?? Nein, es waren die Juden, die in der Krise, als kein Deutscher Geld hatte, mit erheblichem Aufwand an Tücke die deutschen Fabriken und Liegenschaften aufgekauft haben. Das waren Kriegsakte, nicht Kriegs-

drohungen!

Nun, selbstverständlich handelte es sich nicht um eine Kriegserklärung zwischen Staaten. Vielmehr erklärte eine in der Finanzwelt nicht ganz ohne Einfluß agierende Weltorganisation Deutschland den Krieg. Sie können doch nicht im Ernst behaupten wollen, das sei völlig unbeachtlich gewesen?? Heute nennt man das einen "asymmetrischen Krieg". Eine mächtige Organisation und ein Staat.

Stellen Sie sich bloß so unwissend, oder verdrehen Sie die Geschichte ganz bewußt?? Um unsere Antwort zu provozieren? Bekommen Sie von "Förderern" für jede Ihrer kurzen E-Mails ein paar Kronen?

Hörten nicht so viele zu, würde ich mir mit dem sinnlosen Versuch, Ihre Bildung zu erweitern, nicht die Zeit stehlen lassen!

Randulf Olafson

Unerhört logisch, die Argumentation: Da jüdische Organisationen der USA als Reaktion auf die nationalsozialistische Verfolgung der Juden, die getreu der Ankündigung in Hitlers „Mein Kampf" sofort nach seinem Machtantritt am 30. Januar 1933 einsetzte, zum Boykott Deutschlands aufgerufen hatten, mussten folgerichtig von den Nazis alle Juden, zunächst Deutschlands, dann Europas, vertrieben und ausgerottet werden. Und, weil die „reichen amerikanischen Juden" für die deutsche Wehrmacht und SS nicht in Reichweite waren, mussten hauptsächlich die größtenteils armen Millionen Ostjuden ermordet werden, als Rache am amerikanischen „jüdischen" Finanzkapital. Bestechend logisch. Aber nein, den Holocaust hat es ja nie gegeben!

Da fällt mir ein, dass ich ein Argument Olafsons aus meinem familiären Umfeld durchaus bestätigen kann. Mein Großvater väterlicherseits, der Diamantenhändler Josef Berger, ist 1923 mit Ehefrau und elf Kindern aus London nach Berlin gezogen, weil er mit seinem Vermögen in britischen Pfunden im krisengeschüttelten, von der galoppierenden Inflation geplagten Deutschland sofort ein reicher Mann war. Mit seiner großen Familie ließ er sich in Berlin nieder. Doch im Herbst 1938, kurz vor der Reichspogromnacht, zog er zu seinen Kindern nach Belgien, womit die Nationalsozialisten einen jüdischen Blutsauger weniger in ihrem Land hatten. Um seine Haut zu retten, musste er vorher sein ganzes, nicht unerhebliches Vermögen der Reichskasse übereignen.

Randulf Olafson benutzte das jiddische Wort „Chuzpe", um damit die Gerissenheit der Juden zu charakterisieren. Zugleich wollte er sich damit als Sachkenner in Judenfragen präsentieren. Und der gutmütige Jürgen Sänger ließ sich wieder auf die völlig überflüssige und absurde Diskussion mit dem Judenhasser ein.

30.05.2008

Dr. Jürgen Sänger, Diplomchemiker,

Sehr geehrter Herr Olafson,

Als Judenboykott bezeichneten die Nationalsozialisten den Boykott jüdischer Geschäfte, Warenhäuser, Banken, Arztpraxen, Rechtsanwalts- und Notarkanzleien, den das NS-Regime am 1. April 1933 in ganz Deutschland durchführen ließ. Damit nahm die Regierung die seit dem 25-Punkte-Programm der NSDAP von 1920 geplante Verdrängung der deutschen Juden aus dem Wirtschaftsleben erstmals durch eine reichsweite, gezielt nur gegen sie gerichtete Maßnahme in Angriff.

Am 24.3.1933 erschien der Londoner Daily Express mit dem sieben Spalten breiten Aufmacher: "JUDEA DECLARES WAR ON GERMANY" (Juda erklärt Deutschland den Krieg). Wenn man den Text des Artikels liest, erkennt man jedoch, dass es sich dabei um eine reißerische Schlagzeile handelt, die teilweise sogar im Widerspruch zum darunter folgenden Text steht.

Anlass der Schlagzeile waren Boykottaufrufe Londoner Händler gegen deutsche Erzeugnisse. Wie man dem

Zeitungsartikel entnehmen kann, waren die Boykottaufrufe eine Reaktion auf die "mittelalterliche Hetze
gegen Juden" in Deutschland ("medieval Jew-baiting").

Etwa in der Mitte des Artikels erfährt man, dass der
"Jewish Board of Deputies", die Vertretung aller britischen Juden, erst am folgenden Sonntag zu einer Son-
dersitzung zusammenkommen wollte, um über eventu-
ell gegen Deutschland zu treffende Maßnahmen zu
entscheiden. Am 27. März 1933 wurde die Entscheidung
des "Board" in der Londoner Times veröffentlicht. Das
Gremium hatte beschlossen, sich ausdrücklich von den
Boykottaufrufen zu distanzieren:

Die Vertretung der in Großbritannien ansässigen Juden, der Jewish Board of Deputies, erklärte vielmehr, er
wolle sich nicht in innerdeutsche Angelegenheiten ein-
mischen. Boykottmaßnahmen und Protestversamm-
lungen seien 'spontane Ausbrüche der Empörung' ein-
zelner Personen, aber nicht vom Board organisiert. (W.
Benz, Legenden, Lügen, Vorurteile, S. 122)

Genau wie die Angehörigen anderer jüdischer Organisationen im Ausland wussten auch die Mitglieder des
"Board of Deputies" sehr genau, dass Hitler die deutschen Juden als Geiseln betrachtet hat. Eine allzu harte
Haltung gegenüber Deutschland hätte nur zu verstärk-
ten Repressalien gegenüber den deutschen Juden geführt.

Wer trotz alledem noch behaupten möchte, es hätte im
März 1933 eine "jüdische Kriegserklärung" gegeben,
sollte zunächst den Text der Kriegserklärung selbst
vorlegen können, denn der Zeitungsartikel im Daily Express war ja höchstens ein Bericht über eine Kriegserklärung.

Mit freundlichen Grüßen

Dr. Jürgen Sänger

„Jüdische Kriegserklärung": Es ist traurig, wie gebildete
Menschen mehr als ein halbes Jahrhundert nach dem

Untergang des Nazireiches immer noch in der Vergangenheit leben, der einstigen Größe Deutschlands nachtrauern, den Untergang Großdeutschlands dem diabolischen Wirken der Juden zuschreiben. Und es ist traurig, dass es heute noch einen Bedarf gibt, solchen Unsinn zu widerlegen, einen Unsinn, der heute noch in Köpfen mancher Deutscher spukt.

Dr. Sänger präzisierte seine Argumentation:

31.05,2008

Dr. Jürgen Sänger, Diplomchemiker

Sehr geehrter Herr Olafson,

die Juden hatten Deutschland nicht den Krieg erklärt, weil es damals noch keinen jüdischen Staat gab.

Hitlers "Mein Kampf" ließ das Ziel der weltweiten Judenvernichtung als Kern der nationalsozialistischen Bewegung deutlich erkennen (siehe Anlage).

Die Nationalsozialisten waren und sind keine echten Deutschen, weil sie keine Liebe zum Deutschen Volk kennen und das Wohl des Volkes nie angestrebt haben. Die Nationalsozialisten haben das deutsche Volk in Tod und Verderben gestürzt. Die heutigen Nationalsozialisten interessieren sich nur für eine romantische Verklärung der Vergangenheit, nicht für die Zukunft der jungen Generation.

Sie können sich selbst und andere Leute täuschen, aber nicht mich.

Mit freundlichen Grüßen

Jürgen Sänger

Man kann sich darüber streiten, ob die Nationalsozialisten das deutsche Volk wirklich liebten oder es nur als Mittel zum Zweck ansahen. Sie hatten aber immerhin eine Zeitlang erreicht, dass Hitler von der Mehrheit des deutschen Volkes geliebt wurde. Dass die Liebe Hitlers zum deutschen Volk nicht bedingungslos, sondern an dessen Sieg im Kampf gegen „fremde Rassen" geknüpft war, bewies er kurz vor seinem Untergang mit der folgenden Aussage:

„Wenn der Krieg verloren geht, wird auch das Volk verloren sein. Es ist nicht notwendig, auf die Grundlagen, die das deutsche Volk zu seinem primitivsten Weiterleben braucht, Rücksicht zu nehmen. Im Gegenteil, es ist besser, selbst diese Dinge zu zerstören. Denn das Volk hat sich als das schwächere erwiesen, und dem stärkeren Ostvolk gehört ausschließlich die Zukunft.“[64]

So konsequent war Hitler in seinem Glauben an das darwinistische Recht des Stärkeren im weltweiten Kampf menschlicher „Rassen" um das Lebensrecht und die Vorherrschaft.

Da Fanatiker immer das letzte Wort haben müssen, gab Randulf Olafson nicht nach. Außerdem wusste er, dass es außer der paar Judenfreunde in der Internet-Runde ein mit ihm gleichgesinntes Auditorium gab, das nach seinen „scharfsinnigen" Argumenten lechzte, die er irgendwelchen einschlägigen, nationalsozialistisch orientierten Schriften entnommen hatte. Er beharrte darauf, dass Deutschland nach dem 1. Weltkrieg ein Opfer der Juden gewesen ist und sich deshalb wehren musste.

Ist der Holocaust wirklich geschehen?

31.05.2008

Dr. Jürgen Sänger

Sehr geehrter Herr Olafson,

Sie behaupten, die Juden wären im Dritten Reich nicht unerwünscht gewesen. Ich kann mich noch an Ladengeschäfte erinnern, auf denen stand „Juden un-

---

64 https://www.welt.de/kultur/history/article13707859/Am-Ende-fuehrte-Hitler-Krieg-gegen-Deutschland.html

erwünscht". Auf Telefonhäuschen stand: „Für Juden verboten".

Sie hassen die Juden und behaupten die Juden seien Parasiten, die Nazis haben das auch behauptet und daraus die Konsequenzen gezogen. Warum ist Ihnen so sehr daran gelegen, den Holocaust abzustreiten?

Dr. Jürgen Sänger

Der in Norwegen lebende Randulf Olafson verfing sich wie jeder Nazi in unauflösbare Widersprüche, die ihn in seiner missionarischen Erregung die Regeln der deutschen Sprache vergessen ließen:

31.05.2008

Randulf Olafson

Sehr geehrter Herr Sänger,

ich habe nie gesagt daß die Juden im Dritten Reich nicht unerwünscht gewesen. Hitler wollte die Juden sollten Deutschland verlassen. Deswegen hat er mit die verschiedene jüdische Vereine in Deutschland einen Abkommen, Ha'avara Abkommen[65], gemacht. Sie kann mich nachprüfen in dem Sie Ihre jüdische Freunde darüber fragen oder Sie können das Buch "Jewish Emigration from the Third Reich" von Ingrid Weckert lesen.

---

65 Ha'avara-Abkommen bzw. *Palästina-Transfer*, war der Name einer am 25. August 1933 geschlossenen Vereinbarung zwischen der Jewish Agency, der Zionistischen Vereinigung für Deutschland und dem deutschen Reichsministerium für Wirtschaft. Sie sollte die Emigration deutscher Juden nach Palästina erleichtern und gleichzeitig den deutschen Export nach Palästina fördern. Damals wie heute wird das Abkommen zwischen Zionisten und Nationalsozialisten häufig als ein Verrat am Weltjudentum betrachtet, etwa von dem Schriftsteller Shalom Ash. Das Abkommen betraf nur deutsche Juden, nicht aber die größtenteils in Osteuropa lebenden Juden, die von den Nazis und ihren Kollaborateuren mehrheitlich ermordet wurden.

Jedes Land, wo Juden gewohnt haben möchten, daß Juden ihr Land verlassen. Warum? Weil eben die Juden Zerstörern sind!!!

Was machen Juden in Israel??? Sie zwingen Palästinenser ihr uraltes Land zu verlassen.

Warum zwingen Juden die Ureinwohner in Palästina ihr Land zu verlassen???

Ja, Herr Sänger, die Juden sind Parasiten. Die Nationalsozialisten haben außerhalb mit den Juden einen Abkommen, Ha'avara Abkommen, zu schließen keine Konsequenzen gezogen.

Der Holocaust ist nie geschehen!!!!!

Zeigen Sie mir einen Gaskammer mit Preußisch Blau und ich werde zugeben - den Holocaust hat es gegeben. ***Aber kein Preußisch Blau - kein Gaskammer und kein Holocaust****.*

Randulf Olafson

Es ist immer wieder interessant, wie heutige Holocaustleugner die Alt-Nazis vor dem Vorwurf des Genozids an Juden reinzuwaschen versuchen, zugleich aber zur Ausrottung der „jüdischen Parasiten" aufrufen. Mit anderen Worten, sie sind traurig darüber, dass die alte Hitler-Garde die „Endlösung" nicht vollenden konnte.

Die heutigen Neonazis, aber auch manche Antifaschisten oder Israel-Gegner, werfen den Zionisten eine Komplizenschaft mit den Nazis vor. Das je nach politischem Standpunkt mit Häme oder Zorn erwähnte Ha'avara Abkommen zwischen Zionisten und Nazis bot aber von 1933 bis 1939 über 50.000 deutschen Juden die Chance, Deutschland mit dem Ziel Palästina zu verlassen. Insgesamt haben bis Ende 1941 von den etwa 560.000 Juden über 400.000 Deutschland verlassen[66] und sich damit

---

66 Das Protokoll der Wannseekonferenz vom 20.01.1042 nennt einen Bestand von Juden im „Altreich" von 131.000.

retten können. Welches Schicksal die in Deutschland
noch verbliebenen und die osteuropäischen Juden zu
erleiden hatten, ist hinreichend bekannt.

Hitlers „Friedensliebe"

01.06.2008

Randulf Olafson

Sehr geehrter Herr Sänger,

*Es ist zugleich interessant und kennzeichnend, daß Sie
die vielen Friedensangebote, die Deutschland an England machte und jene, die andere Mächte (etwa Belgi-
en, Vatikan, Italien, Holland) machten, und die samt
und sonders von England abgelehnt wurden, mit den
Worten hinweg „erklären", daß Sie sagen, DIE JUDEN
hätten die Friedensangebote nicht ernst genommen.
Damit lassen Sie erkennen, daß Sie schon wissen, welche Kräfte hinter dem Kriegsausbruch standen, und
welche Mächte schon 1932 erklärt hatten, Deutschland
müsse wieder einen Krieg bekommen und 1933
Deutschland den Krieg erklärten. (...)*

Freundliche Grüße

Randulf Olafson

In der Fantasie der Nazis und anderer Verschwörungs-
theoretiker sind bis heute eine Handvoll Juden die Strip-
penzieher der Weltpolitik, die wahre Macht hinter den
Großmächten. Wieder lässt sich Dr. Sänger auf eine Diskussion mit dem überzeugten Nazi Randulf Olafson ein
und schließt durch seine wage Antwort nicht einmal
eine Mitschuld der Juden am Zweiten Weltkrieg aus:

01.06.2008

Dr. Jürgen Sänger, Diplomchemiker,

Sehr geehrter Herr Olafson,

die Kriegsschuldfrage lässt sich in einer Email-Kor-

respondenz nicht erörtern, weil das Thema zu umfangreich ist. *Es geht hier darum, dass man nicht pauschal "den Juden" die Schuld am Zweiten Weltkrieg zuweisen darf, um daraus einen generellen Judenhass zu begründen.*

Mit freundlichen Grüßen

Jürgen Sänger

Wenn man aber, wie Dr. Jürgen Sänger meinte, den Juden nicht „pauschal" die Schuld am Zweiten Weltkrieg zuweisen kann, dann heißt es doch, dass man zumindest einigen Juden die Schuld gibt, nicht den armen Städtl-Juden, wohl aber den Rothschilds, den Oppenheimers und ihren Handlangern. Randulf Olafson erfasste nun geschickt die Argumentationsschwäche von Dr. Sänger und behandelte ihn als einen ideellen Kumpan, den es durch „Fakten" zu überzeugen galt:

01.06.2008

Randulf Olafson

Sehr geehrter Herr Sänger

Ja, da haben Sie wohl ein bißchen recht, "Pauschal gesehen" waren die Juden alleine nicht "schuld" am Zweiten Weltkrieg. Es war ein "Krieg, der viele Väter hatte". Aber es stimmt schon, viele Menschen (abgesehen von Chamberlain selbst) erkannten eine erhebliche Mitschuld des Judentums. (...)

Es waren die Amerikaner, und die Juden, die England getrieben haben (so sagt es Neville Chamberlain), aber wer war es denn dann, der das Volk der USA "getrieben" hat??

Nun, heute nimmt den Juden kaum noch einer übel, daß sie zu einem Gutteil den Weltkrieg verursacht haben. Die Deutschen sind ja sogar dazu bereit, den Polen, den Tschechen, den Russen, den Franzosen und den Dänen ihre unsagbaren Untaten gegen die Deutschen nicht weiter nachzutragen, und dank der US-Umerziehung weiß kein Deutscher so recht über die

Untaten der US-Kräfte Bescheid.

Es geht nicht um Hass wegen der über ein Dutzend Millionen deutscher Zivilisten, die nach dem Krieg von den "Demokratien" ermordet wurden. Es geht um heute! Und es geht um morgen!

Sind die Juden dazu bereit, auf Völkermord, Landraub, Grausamkeit zu verzichten?? Heute und morgen? Werden sie die restlichen Araber im Land gleichberechtigt leben lassen? Oder haben sie für alle Fragen nur die Antwort: Knochen brechen, niederwalzen, töten, töten, Bomben, Atombomben?

Sind die Juden dazu bereit, auf den Irrglauben zu verzichten, die Nichtjuden seien bloß Tiere und sie müßten die Herren einer Sklavenwelt werden?

Randulf Olafson

Nun wissen wir, woher Randulf Olafson seine Weisheiten hatte. Sie entstammen zum Teil dem Buch „*Der Krieg der viele Väter hatte*", erschienen 2003, geschrieben vom General a.D. der Bundeswehr Gerd Schultze-Rhonhof, der darin die deutsche Schuld am Ausbruch des Zweiten Weltkrieges weitgehend bestreitet und Hitler als einen friedensliebenden Politiker beschreibt, der von den Westmächten gegen seinen Willen in den Krieg getrieben worden sei. Gegenüber Belegen für seine Fälschungen durch selektive Wiedergabe geschichtlicher Fakten erwies sich Gerd Schulze-Rohnhof als absolut resistent. Die Schuldzuweisung Randulf Olafsons an die Juden entstammt weiterer Quellen aus dem Repertoire nationalsozialistischer Geschichtsrevisionisten.

Über die wirklichen oder vermeintlichen Untaten der Juden, der Alliierten und der einst von der Wehrmacht besetzten Völker meint Olafson Bescheid zu wissen. Die Untaten der Deutschen in den besetzten Ländern benennt er nicht. Die hat es für ihn gar nicht gegeben. Die armen Deutschen müssen sich nach Meinung Olafsons bis heute der Gewalt der anderen erwehren, die an ihnen das Recht der Sieger exekutieren.

Flucht des „deutschen Christen" in die Philosophie

Dr. Jürgen Sänger, der sich auf einen unnützen Disput mit dem im eigenen Sinne gut informierten Holocaust-Leugner und Hitler-Bewunderer Randulf Olafson eingelassen hatte, gingen nun die Argumente aus. Sängers Antwortschreiben verrät seine geradezu mitleiderregende Hilflosigkeit:

02.06.2008

Dr. Jürgen Sänger, Diplomchemiker

Sehr geehrter Herr Olafson,

hier muss ich als Wissenschaftler antworten. Erkenntnistheoretisch hat sich der sogenannte "Kritische Realismus" durchgesetzt, der selbstverständlich wiederum von einem Juden stammt. Allerdings hatte sich Karl Popper[67] taufen lassen. Nicht nur ich halte Karl Popper für den bedeutendsten Philosophen des zwanzigsten Jahrhunderts.

Nach Popper haben wir keinen Zugang zur Wirklichkeit selbst. Wir können uns nur Modelle von der Wirklichkeit machen. Redliche Wissenschaftler überprüfen ständig ihre Modelle.

Sie haben sich aus irgendwelchen Gründen ein bestimmtes Modell von den Juden gemacht. Sie sind mit Ihrem Modell von den Juden verheiratet. Alles, was

---

67 Sir Karl Raimund Popper (geb. 1902 in Wien, gest. 1994 in London) war ein österreichisch-britischer Philosoph, der mit seinen Arbeiten zur Erkenntnis-und Wissenschaftstheorie, zur sozial-und Geschichtsphilosophie sowie zur politischen Philosophie den kritischen Rationalismus begründete.

Da muss ich aber Jürgen Sänger widersprechen. Nicht jede Gedankenkonstruktion über die Wirklichkeit kann im wissenschaftlichen Sinne als ein Modell bezeichnet werden. Das nationalsozialistische Bild der Juden ist eher ein Mythos als ein Modell, ein Mythos, in welchem, auf dem Christentum basierend, die Position Luzifers durch die Juden ersetzt wurde. Die Juden sind zum absolut Bösen erklärt worden, das aber im Unterschied zum Luzifer rein irdisch, also ausrottbar ist. Die Nazis übernahmen demnach für die Menschheit die Aufgabe, das Böse in Gestalt der Juden aus der Welt zu tilgen.

Dr. Sänger berief sich auf den Philosophen Karl Popper, unterließ es aber, die von ihm postulierte Falsifikation als Kriterium der Wissenschaftlichkeit einer Theorie zu erwähnen. Demnach ist eine Theorie und somit auch ein Modell nur dann als wissenschaftlich zu betrachten, wenn sie falsifizierbar sind. Das heißt, dass es empirische Prüfkriterien geben muss, bei deren Nichterfüllung die Theorie, bzw. das Modell, als falsch gilt und deshalb zurückgewiesen wird. Ist eine Theorie prinzipiell nicht falsifizierbar, vielmehr bei sich widersprechenden Prämissen immer wahr, dann handelt es sich nicht um eine wissenschaftliche Theorie, sie ist damit nicht geeignet, die Wirklichkeit zu beschreiben. Gleiches gilt für ein Modell. Den Juden werden sich völlig widersprechende Eigenschaften zugesprochen, etwa Geiz der Bourgeois und Selbstlosigkeit kommunistischer Weltverbesserer, geistige Degeneration und Genialität, Wucher und Preisunterbietung um die Konkurrenz auszuschalten, religiöser Fanatismus und atheistische Prinzipienlosigkeit, Neigung zum Verbrechen und hohe Kompetenz im juristischen Bereich, usw. Wenn aber an Aussagen über den bösartigen und zersetzenden Charakter „der Juden" trotz nachgewiesener gegensätzlicher Eigenschaften festgehalten wird, sind diese Aussagen alles, nur nicht wissenschaftlich und gänzlich ungeeignet, die Wirklichkeit zu beschreiben. Die Dämonisierung der Juden, wie sie von den Nazis betrieben wurde und von heutigen Antisemiten[68] nach wie vor betrieben wird, ist folglich kein Modell der Wirklichkeit.

Noch ein Lapsus ist Dr. Sänger widerfahren. Nicht Karl Popper hat sich taufen lassen, vielmehr waren es seine Eltern die als Wiener Juden, um in der Gesellschaft anerkannt zu sein, zum Protestantismus konvertierten und ihren Sohn taufen ließen. Er selbst unterstützte vorbehaltlos die ethischen Ideale des Christentums, ohne ihm aber eine dominierende Rolle in der Gesellschaft zuzubilligen. Seine auch heute sehr zeitgemäße Haltung zur Religion wird in den folgenden Sätzen deutlich:

Ich bestehe darauf, dass wir tolerant sein müssen. Aber ich glaube auch, dass diese Toleranz Grenzen hat. Wir dürfen den antihumanitären Religionen nicht vertrauen, die nicht nur Zerstörung predigen, sondern entsprechend handeln. Denn wenn wir sie tolerieren, werden wir selbst für ihre Taten verantwortlich.[69]

---

68 Im April 2018 hat der Präsident der Palästinensischen Autonomiebehörde Abbas in einer Rede erklärt, Juden seien nicht aus antisemitischen Gründen, sondern vorwiegend wegen ihrer Geschäftspraktiken verfolgt worden, auch durch die Nazis. Den Holocaust hätten sie deshalb selbst verschuldet.

69 http://catallaxyfiles.com/2015/07/14/karl-popper-on-religion-science-and-toleration/.

Haben die Juden Deutschlands Schicksal bestimmt?

Nun hat parallel zu Randulf Olafson Dagmar Bartel einen Disput mit Dr. Sänger geführt, der ihr zuletzt ein unzulässiges negatives Pauschalurteil über die Juden vorgeworfen hatte. Darauf antwortete sie:

01.06.2008

Dagmar Bartel

Herr Sänger,

es kommt mir vor, dass Sie das Wort "pauschal" sehr gerne mögen. Alles ist für Sie pauschal. Selbst wenn man ganz klare Fälle bringt, ist auch das für Sie ein pauschales Denken und Urteilen. Und sie werfen anderen vor, ein primitives Weltbild zu haben. Das hilft Ihnen natürlich aus allen Nöten, sich tiefere Gedanken zu machen. Die Wahrheit ist dass die Juden Deutschland den Krieg erklärt hatten in 1933.

Und auch in Versailles waren es zumeist Juden, die Deutschlands Schicksal bestimmten. Und zu Hause in Deutschland waren es die Juden, die deutsches Hab und Gut billigst einkauften. Wo hatten die Juden das Geld her? Natürlich von ihren Gesinnungsgenossen in Amerika, um Deutschland vollkommen zu besitzen! Hitler gab der deutschen Bevölkerung wieder Hoffnung, Würde und Arbeit.

Grüsse von

Dagmar Bartel

Wie die meisten deutschen Antisemiten war Dagmar Bartel fest davon überzeugt, dass in Deutschland die Juden an allem Schuld waren. Sie waren reich, weil sie als Unternehmer das deutsche Volk ausraubten, die deutschen Unternehmer taten es angeblich nicht. Und es geschah ihnen recht, wenn ihr Hab und Gut vom Deutschen Reich „arisiert" wurde, damit es der „deutschen Volksgemeinschaft" und deutschen Unternehmern zugutekommen konnte. Der Versailler Vertrag war selbstverständlich eine antideutsche Intrige der Juden, die Deutschland sofort den Krieg erklärten, als es unter Hitlers Führung erfolgreiche Versuche unternahm, sich aus dem Schlamassel emporzuarbeiten. So einfach erklärt sich die Wirklichkeit aus der Perspektive völkischer Antisemiten. Dr. Sänger versuchte, der Nazi-Gesinnung von Frau Bartel Argumente entgegenzuhalten:

01.06.2008

Dr. Jürgen Sänger, Diplomchemiker,

Sehr geehrte Frau Bartel,

das Wort "pauschal" mag ich überhaupt nicht.

Die Juden haben 1933 Deutschland nicht den Krieg erklärt, weil es damals noch keinen jüdischen Staat gab. Es ist wohl richtig, dass eine britische Zeitung die Juden zu einem Handelsboykott aufrief. Ist dies so unverständlich? Hitler hatte 1925 seinen Vernichtungswillen den Juden gegenüber zum Ausdruck gebracht. Man kann sagen, dass Hitler den Juden in seinem Buch "Mein Kampf" den Krieg erklärt hat.

Mit freundlichen Grüßen

Jürgen Sänger

Welcher Teufel hat Dr. Sänger geritten, sich mit Nazis auf Diskussionen einzulassen! Sie sind genauso wenig von ihrem Irrtum zu überzeugen, wie er von seiner fanatischen Religiosität abzubringen. Denn der Nazismus ist nichts anderes, als eine politische Religion. Es muss wohl im Unterbewusstsein ein Schuldgefühl Dr. Sänger gelenkt haben, denn schließlich wurde er selbst einstmals als Hitlerjunge zum Hass auf alle Juden abgerichtet. Nun musste er sich als Gegner dieses Ungeistes beweisen.

02.06.2008

Dagmar Bartel

Herr Sänger, wie immer haben Sie vollkommen den anderen Teil meines Briefes ignoriert: Versailles, Der

Großeinkauf deutschen Gutes, von Juden nach WK1[70] der VOR Hitler's Buch kam.

Dass der Jüdische Anteil der Teilnehmer in Versailles erstaunlich hoch war, obgleich sie KEINEN Staat hatten, also andere Staaten vertraten.

Manchmal ist es gut die Reihenfolge der Dinge zu beachten. Die Annahme der Juden dass 6 Millionen Juden in Gefahr seien in Europe kam lange VOR Hitlers Buch "mein Kampf". Es gab keine 6 Millionen Juden in Europa. Wer brachte sie in Gefahr?

Die Antwort ist im Talmud zu finden!

Hitler ist scheint's eine derartige Schlüsselfigur, dass sogar VOR seiner Zeit sich schon alles um ihn drehte, der üble Geist der Deutschen, der antisemitische Geist, der dann -ENDLICH- seinen schon immer erwarteten Ausdruck in Adolf Hitler fand!

Wie gut für Sie und die Juden, dass es Hitler gab. Wie schon einmal gesagt wurde über den Holocaust:

WENN ES KEINEN HITLER GEGEBEN HÄTTE, HÄTTE MAN IHN ERFINDEN MÜSSEN......

Dagmar Bartel

Die Darlegungen von Dagmar Bartel sind ihrer Meinung nach so evident, dass man sie gar nicht erst beweisen muss. Unter den von ihr bedienten Mythen fehlt nur ein Mythos, nämlich der, dass Hitler selbst ein Jude gewesen ist. Dieser Mythos würde jedenfalls die von ihr geäußerten Absurditäten abrunden. Allerdings hat sie in ihrer Email eine eklatante Wissenslücke offenbart. Sie hat behauptet, es habe in Europa vor dem Zweiten Weltkrieg keine sechs Millionen Juden gegeben, weshalb so viele gar nicht ermordet werden konnten. Um diese Behauptung zu widerlegen reicht der Blick in ein äußerst wich-

---

70 Gemeint: Erster Weltkrieg.

tiges nationalsozialistisches Dokument, das Protokoll der Wannseekonferenz vom 20. Januar 1942[71]. Es listet in einer Tabelle die Anzahl der Juden in allen europäischen Staaten auf, die, gemäß dem bei der Konferenz beschlossenen Plan, der „Endlösung", sprich Vernichtung, zugeführt werden sollten. Und die akribisch arbeitenden deutschen Verwaltungsbeamten kamen auf die Gesamtzahl von über 11 Millionen Juden in Europa. Die Zahlen bilden den damaligen Ist-Zustand ab und sind, bezogen auf die Vorkriegszeit, mit Sicherheit zu niedrig, denn es ist z. B. dokumentiert, dass allein in Litauen vor der deutschen Besatzung über 200.000 Juden gelebt hatten[72], während im Protokoll der Wannsee-Konferenz die Zahl 34.000 genannt wird. Das ist der in Januar 1942, nach den Massenmorden von 1941, noch verbliebene Rest. Deutschland hatten damals die meisten Juden bereits verlassen. Deshalb wurden im Januar 1942 für das „Altreich" nur 131.800 von den 1933 noch etwa 560.000 Juden erfasst. Die meisten deutschen Juden hatten es bis dahin geschafft, den judenfeindlichen Staat Deutschland zu verlassen. Nicht aufgelistet sind die inzwischen in Palästina lebenden, größtenteils aus Europa geflohenen hunderttausende Juden, die der nationalsozialistischen „Endlösung" entkommen konnten, weil Erwin Rommel bei seinem Afrika-Feldzug gegen die Bitten im November 1942 besiegt wurde und deshalb Palästina nicht erreichte.

---

71 http://www.bpb.de/geschichte/deutsche-geschichte/der-zweite-weltkrieg/ 201442/protokoll-der-wannsee-konferenz ?show= image&i=201450
72 Siehe z.B.: Rüta Vanagaite und Efraim Zuroff, Nasi. Podróżując z wrogiem, (deutsch: Unsere. Auf Reise mit dem Feind) Verlag Czarna Owca, Warschau 2017.

L a n d	Zahl
A. Altreich	131.800
Ostmark	43.700
Ostgebiete	420.000
Generalgouvernement	2.284.000
Bialystok	400.000
Protektorat Böhmen und Mähren	74.200
Estland – Judenfrei –	
Lettland	3.500
Litauen	34.000
Belgien	43.000
Dänemark	5.600
Frankreich / Besetztes Gebiet	165.000
Unbesetztes Gebiet	700.000
Griechenland	69.600
Niederlande	160.800
Norwegen	1.300
B. Bulgarien	48.000
England	330.000
Finnland	2.300
Irland	4.000
Italien einschl. Sardinien	58.000
Albanien	200
Kroatien	40.000
Portugal	3.000
Rumänien einschl. Bessarabien	342.000
Schweden	8.000
Schweiz	18.000
Serbien	10.000
Slowakei	88.000
Spanien	6.000
Türkei (europ. Teil)	55.500
Ungarn	742.800
UdSSR	5.000.000
Ukraine 2.994.684	
Weißrußland aus-	
schl. Bialystok 446.484	
Zusammen: über	11.000.000

Laut Nazi-Statistik 11 Millionen Juden in Europa: Damit ist zumindest bewiesen, dass sich die Zahl 6 Millionen nicht jenseits des Denkmöglichen bewegt, und Dagmar Bartels höhnische Holocaust-Leugnung ist somit ad absurdum geführt. Die Wahrheit ist noch krasser: Die Nazis hatten vor, zusätzlich zu den bis dahin bereits ermordeten etwa 1 Million[73] mindestens weitere 11 Millionen Juden zu töten. Geschafft haben sie insgesamt „nur" etwa 6 Millionen, also die Hälfte.

Es wird bis heute darüber spekuliert, wer die Zahl 6 Millionen als erster in die Welt gesetzt hat. Die Neonazis und andere Holocaust-Leugner und -Skeptiker nennen irgendwelche jüdische Quellen, die sie selbstverständlich anzweifeln, an erster Stelle den russisch-jüdischen Schriftsteller Ilja Ehrenburg. Aber es war kein geringerer als der Architekt der Judenvernichtung, der „Judenreferent" Adolf Eichmann, der Ende August 1944 gegenüber Wilhelm Höttl[74] mit 6 Millionen ermordeten Juden prahlte:

„In den verschiedenen Vernichtungslagern", so Eichmann laut Höttl, seien „etwa vier Millionen Juden getötet worden, während weitere zwei Millionen auf andere Weise den Tod fanden, wobei der Großteil davon durch die Einsatzkommandos der Sicherheitspolizei während des Feldzuges gegen Russland durch Erschießen getötet wurde."[75]

Der um Sachlichkeit bemühte Dr. Sänger antwortete:

02.06.2008

Dr. Jürgen Sänger, Diplomchemiker

Sehr geehrte Frau Bartel,

Sie vertreten die Hypothese, dass die Ursache aller sozialen Probleme in den jüdischen Genen steckt. Ich glaube nicht, dass es jüdische DNS gibt.

---

73 Siehe z.B. Timothy Snyder, Bloodlands. Europa zwischen Hitler und Stalin, dtv 2016, S. 199 ff.

74 Wilhelm Höttl stammte aus Österreich, war SS-Sturmbannführer und Mitarbeiter im Sicherheitsdienst (SD). Er war Kronzeuge im Nürnberger Prozess.

75 Quelle des Zitas: https://www.welt.de/geschichte/zweiterweltkrieg/article136599780/Sechs-Millionen-Opfer-Woherstammt-diese-Zahl.html

Mit freundlichen Grüßen

Jürgen Sänger

Dass es eine jüdische DNS gebe, hat auch Thilo Sarrazin behauptet[76], aber als Philosemit meinte er, dass das „jüdische Gen" für die genialen Leistungen der Juden verantwortlich sei. Die Antisemiten dagegen meinen, dass das „jüdische Gen" die diabolische Bösartigkeit der Juden begründe. Für Dagmar Bartel ist aber ein „jüdisches Gen" gar nicht nötig, um das „deutsche Unglück" den Juden anzulasten.

Der „Antigermanismus" der Juden

Dagmar Bartel wollte Dr. Jürgen Sänger nicht das letzte Wort überlassen, also antwortete sie:

02.06.2008

Dagmar Bartel

Sehr geehrter Herr Sänger,

sie winden sich immer aalglatt aus allen Argumenten.

Wann habe ich die Hypothese vertreten, dass alle sozialen Probleme von den Juden herstammen? Das haben Sie sich offensichtlich erdacht. Es ist nicht in meinen Emails vorhanden.

Aber....

Ich merke, dass Sie sich immer unbeliebter bei mir machen. Vielleicht fühlen andere genau wie ich.

In all dem Briefwechsel haben sie nur immer die Deutschen schuldig gesprochen, niemals auch nur eingeräumt, dass in einem Konflikt BEIDE Schuld sein könnten. Mit der gewohnten, seit 63+ Jahren Rhetorik hacken auch sie auf den Deutschen herum... Anti-

---

76 Tilo Sarrazin, Deutschland schafft sich ab, DVA 2010.

Semitismus usw. Was halten Sie denn von dem Anti-Germanismus der Juden? Nie gegeben? Wieder sind die Juden unschuldig, die Deutschen haben Schuld?

Was bringen Sie ihren Enkeln bei? Die Deutschen sind immer schuldig, hoffnungslos mit Schuld beladen, niemals können sie sich von der Schuld befreien? OH, weh, was die Deutschen den Juden angetan haben! Nie, nie, nie wird es ihnen verziehen!

DESHALB, Herr Sänger muss die Wahrheit über den Holocaust herausgebracht werden. DESHALB müssen die Lügen entlarvt werden und die Fachkräfte, die in Gefängnissen schmachten befreit werden. Damit die Welt endlich von dem TODESKULT des Holocaust befreit wird! Aber so etwas würde ein Herr Sänger niemals erlauben.

Die Wahrheit ist zu erschreckend für einen Herrn Dr. Sänger...

Und, Herr Sänger, ich glaube nicht dass Sie überhaupt ein Deutscher sind!

Grüße von

Dagmar Bartel

Man spürt förmlich die Last der permanent zugewiesenen Schuld, unter der sich Dagmar Bartels deutscher Rücken beugt und von der sie endlich befreit werden möchte.

Hier schaltete ich mich wieder in den Disput ein, um dem nationalsozialistischen Mythos vom Hass der Juden auf Deutschland und die Deutschen entschieden zu widersprechen:

03.06.2008

Gabriel Berger

Sehr geehrter Herr Dr. Sänger,

Lügen werden nicht umso wahrer, je unverschämter sie vorgetragen werden.

Eine solche bodenlose Lüge ist der vermeintliche Hass

der Juden auf Deutschland. Es hat im Gegenteil vor
dem Zweiten Weltkrieg kein Volk der Welt gegeben,
das Deutschland stärker verehrte, als die Juden. Und
genau das macht unter anderem die ungeheure Dimen-
sion des deutschen Genozids an den Juden aus, nämlich, dass sie ihre besten Freunde ausgerottet haben.
Das ist mit Sicherheit auch Frau Bartel sehr wohl bekannt und sie tut nur so, als wüsste sie es nicht, weil sie
das Verbrechen im Namen Deutschlands leugnen oder
verniedlichen will oder die Schuld daran den Juden
selbst zuweisen möchte. Ich weiß wovon ich rede, denn
mein Großvater gehörte als Ostjude zu den Millionen
Juden, die Deutschland mehr verehrt haben, als die
Vereinigten Staaten. Wegen ihrer jiddischen Sprache
fühlten sich die Juden auf natürliche Weise dem deutschen Kulturkreis zugehörig. Und hätten die Nazis
nicht diesen wahnwitzigen und völlig irrationalen Feldzug gegen die Juden entfacht, in ihnen hätten sie mit
Sicherheit die treusten Anhänger gefunden. Das sind
allgemein bekannte Tatsachen, die man tausendfach
belegen kann und die auch den deutschen Antisemiten
vom Schlage der Frau Bartel mit Sicherheit bekannt
sind, die sie aber von sich weisen, um nicht zugeben zu
müssen, in welchen moralischen Abgrund die Nazis
Deutschland geführt hatten.

Leiten Sie bitte diesen Brief auch an Frau Bartel weiter,
deren Wut mir ein Vergnügen sein wird.

Mit freundlichen Grüßen

Gabriel Berger

Die Nazis haben vergessen, mich zu vergasen

Dr. Sänger leitete meinen Brief an Dagmar Bartel weiter, worauf ich von ihr die folgende dümmliche Antwort erhielt:

03.06.2008

Herr Berger,

ich habe Ihre freundlichen Grüße empfangen. Sie sind offensichtlich am Leben. Also sind Sie nicht gestorben!

Danke für die netten Zeilen.

Dagmar Bartel

Was sie meinte war deutlich zu verstehen: Dass ich lebe sei ein Beweis dafür, dass es Auschwitz und den Plan der Nazis, alle Juden auszurotten, gar nicht gegeben hat. Das ist natürlich völlig abwegig, denn wenn alle Juden tot wären, würde man heute vermutlich von Auschwitz und vielen anderen Nazi-Gräueln nichts wissen.

03.06.2008

Gabriel Berger

Sehr geehrte Frau Bartel,

Sie haben Recht, die Nazis haben vergessen, mich zu vergasen! Sie sind sicher darüber unglücklich.

Wenn Sie, Frau Bartel, heute an der Macht wären, wäre ich ganz sicher nicht mehr am Leben. Zum Glück gehören Sie und Ihresgleichen heute zu den Hunden die nur noch bellen, aber nicht mehr beißen können.

Mit freundlichen Grüßen

Gabriel Berger

Ziemlich hilflos reagierte Dr. Sänger auf die antisemitischen Tiraden seiner Mailpartnerin Dagmar Bartel:

Der Zusammenhang zwischen der antiisraelischen Haltung und dem Islam, bzw. der Islamisierung Deutschlands ist aber, so wie es sehr verkürzt Dr. Sänger formuliert hat, nicht schlüssig. Klarer wird er, wenn man die traditionelle Affinität breiter islamischer Kreise, besonders im arabischen Raum, für Deutschland und für die Nazi-Ideologie in Betracht zieht. Bis in die siebziger Jahre galt es etwa in Ägypten als eine gegenüber den Deutschen freundliche Geste, sie mit „Heil Hitler" zu begrüßen. Unter Palästinensern in der Westbank ist man aufgrund der alten Verbindungen mit den Nazis unter dem Mufti von Jerusalem Amin Al-Husseini, der es in Deutschland bis zum SS-Gruppenführer brachte, und aufgrund des damaligen gemeinsamen Kampfes gegen die Briten und Juden, als Deutscher immer ein gern gesehener Gast. Und der Hauptsturmführer Alois Brunner, in der Nazizeit verantwortlich für die Deportation von über 100.000 europäischer Juden in Konzentrations- und Vernichtungslager, bekam gerade wegen seiner Karriere als Judenjäger, nach dem Zweiten Weltkrieg in Syrien Asyl und Schutz vor juristischer Verfolgung. Für das Verhältnis zwischen Islamisten und Nazis ist bis heute, trotz des deutschen Überlegenheitsgefühls, eine Interessengleichheit im Kampf gegen die Juden und gegen Israel charakteristisch. Wegen seiner radikalen Ausrottung der Juden ist Hitler in Kreisen der Hamas und Hisbollah bis heute ein hoch angesehener Politiker.

Warum sind die Nazis nicht auf den Holocaust stolz?

Der Hobby-Historiker von Hitlers Gnaden Randulf Olafson identifizierte sich mit jedem Wort seines Führers, der vermeintlich schlüssig den parasitären und zerstörerischen Charakter der Juden bewiesen hat. Er beschrieb sie als Feinde der Menschheit. Wieso widersetzte sich dann Randulf Olafson, der die Meinungen Hitlers vorbehaltlos teilte, wie alle heutigen Nazis, so sehr der Beschuldigung, die Nazis hätten einen Feldzug gegen die Juden geführt, wenn dieser seiner Meinung nach dem Wohl der Menschheit gedient hätte? Sollte er nicht eher stolz auf den Kampf der Nazis gegen die vermeintlichen Feinde der Menschheit sein?

Was nun von Olafson folgte, war eine Lektion in Hitlers „Mein Kampf" für Uneingeweihte, eine ungefilterte braune Soße, die jeden demokratisch gesinnten Menschen erschauern lässt. Die darin von Olafson geäußerten Gedanken oder besser gesagt Ergüsse erscheinen uns heute meist ebenso fremd, wie Hitlers krächzende Stimme, sein Schnurrbart und seine theatralischen Posen. Randulf Olafson ist aus der Zeit gefallen. Mit Staunen und Entsetzen nimmt man zur Kenntnis, dass es solche Menschen noch heute gibt. Hier einige Auszüge aus seinen Ergüssen:

04.06.2008
Randulf Olafson

Sehr geehrter Herr Sänger

Sie sollten sich mit Chemie befassen und NICHT mit Analyse von Büchern. Das letzte können Sie nicht.(...)

Was ist denn hier Falsch Herr Sänger:

"Wie sehr das ganze Dasein dieses Volkes auf einer fortlaufenden Lüge beruht, wird in unvergleichlicher Art in den von den Juden so unendlich gehaßten 'Protokollen der Weisen von Zion' gezeigt. Sie sollen auf einer Fälschung beruhen, stöhnt immer wieder die 'Frankfurter Zeitung' in die Welt hinaus; der beste Beweis dafür, daß sie echt sind... maßgebend aber ist, daß sie mit geradezu grauenerregender Sicherheit das Wesen und die Tätigkeit des Judenvolkes aufdecken und in ihren inneren Zusammenhängen sowie den letzten Schlußzielen aufdecken". (337)

Falls Sie eine andere Meinung über die Protokollen, bitte schön. Es ist aber scher Merkwürdig daß so viele Dinge in das Buch stimmen. Juden haben Länder über die sie bestimmen, England, Frankreich und USA gezwungen Kriege anzufangen

"(Der Jude) war deshalb auch nie Nomade, sondern immer nur Parasit im Körper anderer Völker. wo er auftritt, stirbt das Wirtsvolk nach kürzerer oder längerer Zeit ab. (Schopenhauer:) der Jude sei der 'große Meister im Lügen". (334,335)

Soll Hitler für die Aussagen von Schopenhauer verantwortlich gemacht werden???

Eben Martin Luther warnte die Deutschen von den Lügen der Juden.

Dies ist auch wahr.

"Juden sind die Regenten der Börsenkräfte der amerikanischen Union... Schon glauben die größten Köpfe der Judenheit die Erfüllung ihres testamentarischen Wahl-

spruchs des großen Völkerfraßes herannahen zu sehen". *(723)*

Wer regieren die Börsen der Welt, Herr Sänger? Juden, Juden und immer Juden.

Sie sagen: In das antijudaistische Schema von Hitler paßte nicht die Vorstellung von einem jüdischen Staatswesen.

Sehen Sie sich Israel an, dort sehen Sie jüdischen Staatswesen. Wer bezahlen die Rechnungen Israels?? BRD und USA. Ohne Geld aus BRD und USA hätte der Judenstaat verhungert und gestorben. (...)

90% die Führungsspitze der Bolschewistischen Revolution waren die Juden, und wir wissen wie Grausam diese Führungsspitze waren. Falls Sie bezweifle die Grausamkeiten der Bolschewistischen lesen Sie doch mal was Alexander Solschenitzyn in seinem Buch "Die Juden in der Sowjetunion, Zweihundert Jahre zusammen" schreibt. Die Juden haben die Kirchen zerstört, aber nicht die Synagogen. Priester wurden getötet.

Schön nicht war Herr Sänger.

"Deutschland ist heute das nächste große Kampfziel des Bolschewismus". (751)

(...)

Herr Sänger, der Nürnberger Prozeß war ein Prozeß der Juden über Deutschland der Heimat Amalek und nichts anderes.

Haben Sie wirklich einen Dr-Titel Herr Sänger?? Gehen Sie zurück zum Universität und verlangen Sie Ihr Geld zurück - dort haben Sie nichts gelernt Herr Sänger. Die Arbeit war SCHLECHT!!! Sehr SCHLECHT!

Randulf Johan Olafson, Norwegen

Nicht originell diese graphomanen Einlassungen, weil klassisch antisemitisch. Olafsons engagierte Exegese der nationalsozialistischen Bibel „Mein Kampf" enthüllt die Quellen seiner „Weisheit" und seines „historischen

Wissens". Besonders unglaubwürdig wird er durch das Zitieren der bereits mehrfach erwähnten „Protokolle der Weisen von Zion". Diese antisemitische Hetzschrift wurde nachweislich im Auftrag der zaristischen Geheimpolizei erstellt. Dabei diente das Pamphlet von Mitte des 19. Jahrhundert *„Gespräche aus der Unterwelt zwischen Machiavelli und Montesquieu*[77]" von dem Franzosen Maurice Joly als Vorlage. Das Pamphlet war eine ironische Anklageschrift gegen den damaligen französischen Herrscher Napoleon den III. Die russischen Fälscher ersetzten in dem Text lediglich den von Joly gemeinten Herrscher durch „Juden". Aber Randulf Olafson hielt die „Protokolle" Wort für Wort für wahr, ebenso wie einst sein geistiger Mentor Adolf Hitler. Die ganze Mail ist im Geiste der „Protokolle" gehalten, mit den Juden als Verantwortlichen für alle Übel der Welt, besonders aber für den vermeintlichen Untergang Deutschlands.

Adolf Hitler hatte in „Mein Kampf" geäußert, selbst wenn die „Protokolle der Weisen von Zion" eine Fälschung wären, würde es ihren Wahrheitsgehalt nicht mindern. Mit anderen Worten galt für Hitler: Wahr sind die eigenen Überzeugen, nicht die überprüfbaren Tatsachen. Diese Haltung ist typisch für alle Anhänger totalitärer Ideologien und für alle religiösen Fundamentalisten. Gleiches gilt für Anhänger diverser Verschwörungstheorien. Sie von der Unwahrheit ihrer Meinungen und Weltbilder überzeugen zu wollen ist zwecklos. Im Bereich ihrer Obsession wird ihr Denken von Wahnvorstellungen beherrscht und entzieht sich allen Regeln der Logik, während sie in anderen Bereichen erstaunlich normal sein können. Ich nenne dieses Syndrom *partielle Idiotie*, von der selbst ansonsten intelligente Menschen befallen sein können.

---

77 http://reader.digitale-sammlungen.de/de/fs1/object/display
/bsb10422020_ 00005.html.

Die Behauptung, jüdische Bolschewisten hätten im Gegensatz zu Kirchen Synagogen verschont, ist wie alle andere den Juden geltenden Unterstellungen ein Nonsens. Es ist im Gegenteil hinreichend bekannt und belegt, wie atheistische, kommunistisch orientierte Juden orthodoxe Juden gedemütigt und verhöhnt haben, wie sie demonstrativ die jüdischen Glaubensregeln verletzten und öffentlich ad absurdum führten.

Dr. Sänger zog aus dem Ausführungen Olafsons den logisch zwingenden Schluss, nämlich den der schizophrenen Haltung heutiger Neonazis:

04.06.2005

Dr. Jürgen Sänger, Diplomchemiker

Sehr geehrter Herr Olafson,

folgt man den Aussagen Hitlers über die Juden, dann sind die Juden das Schlimmste, was es überhaupt in der Welt gibt. Die logische Konsequenz ist, daß die Juden mit Stumpf und Stiel ausgerottet werden müssen. Genau das war der Grund für den Holocaust, der tatsächlich stattgefunden hat. Die Kriegsereignisse haben die Vollendung des Holocaust verhindert.

Hier liegt der logische Bruch bei Ihnen und den anderen Nazis: Sie streiten den Holocaust ab, aber wünschen ihn herbei. Wenn die Juden die Personifikation des Teufels sind, dann muß doch jeder anständige Mensch mithelfen, die Juden auszurotten! Als Verehrer Hitlers müssen Sie doch darüber begeistert sein, daß Hitler 6 Millionen von diesen Parasiten vernichtet hat! Warum sind denn die Nazis so sehr an der Behauptung interessiert, in Dritten Reich hätte es gar keine Judenverfolgung gegeben?

Diese schizoide Einstellung ist der eigentliche Grund, weshalb eine sachliche Diskussion mit Ihnen nicht möglich ist.

Mit freundlichen Grüßen

Jürgen Sänger

Was nach der von Dr. Sänger sehr treffend formulierten Frage von Randulf Olafson kommt, ist nur noch ein antisemitisches Gestammel, ein Konglomerat aus Nazi- und Bibelsprüchen. Dabei unterschlägt Olafson konsequent, dass Jesus selbst ein Jude gewesen ist.

04.06.2008

Sehr geehrter Herr Sänger,

(...)

Bitte Herr Sänger, Sie sollen sich niemals mit logische Konklusionen befassen. Als Judenlieber fehlen Sie jeder geistliche Kraft das zu tun.

Die Juden sind die Personifikation des Teufels, genau wie es Johannes in John 8:44 sagte. Falls Sie das bestreiten wenden Sie sich an die Bibel und greifen Sie Johannes an und NICHT den Führer!!!

Juden sind Parasiten, das bestätigen die Juden selber in dem Sie viele Länder ausbeuten, zum Beispiel BRD und USA. Diese Länder bezahlen jährlich Milliarden EURO an den Räuberstaat Israel. Ohne dies Geld wäre Israel kein Staat.

(...)

Ich habe nie gesagt daß die Juden ungewünscht in Dritten Reich waren. Deswegen haben Hitler und seine Regierung einen Abkommen mit die Juden gemacht, Ha'avara Abkommen. Den haben Sie in Ihre Scheißereien nie erwähnt. Warum Herr Sänger?

Ihre Judenunterwerfung ist der Grund warum man mit Sie keine sachliche Diskussion führen kann.

Randulf Johan Olafson

Interessant, dass Olafson in der Aufregung die Regeln der deutschen Sprache vergaß.

Gibt es intelligente Nazis?

Olafsons Behauptung, die Juden seien im Dritten Reich nicht unerwünscht gewesen, ist, nach den vorherigen Tiraden über die teuflischen Juden geradezu ein dreifaches Salto. Waren die Nazis vielleicht doch verkappte Philosemiten? Ob es intelligente Nazis gibt, kann ich nicht beantworten. Randulf Olafson scheint jedenfalls nicht zu solchen zu gehören. Aber vermutlich verträgt sich nazistische Gesinnung nicht mit hoher Intelligenz, wenn auch im Dritten Reich der Anteil an Nazi-Anhängern unter den Akademikern außerordentlich hoch gewesen ist. Kein Wunder, haben doch die Nazis den „deutschen Akademikern" die sehr erfolgreiche jüdische Konkurrenz vom Hals geschafft.

06.06.2008

Dr. Jürgen Sänger, Diplomchemiker

Sehr geehrter Herr Olafson,

wenn ich keine „geistliche Kraft" habe und man mit mir nicht sachlich diskutieren kann, brauche ich nicht zu antworten.

Mit freundlichen Grüßen

Jürgen Sänger

Randulf Olafson triumphierte. Er glaubte, seinen Widersacher Dr. Jürgen Sänger zur Strecke gebracht zu haben:

06.06.2008

Randulf Olafson

Der Judenlieber hat aufgegeben.

Seine Lügen reicht nicht weit. Sie stehen auf Tönerne Füßen.

Randulf Johan Olafson

Die Schlussrunde

Auf dieser Basis wollte Dr. Jürgen Sänger den Disput nicht weiterführen. Also verschickte er zum Abschluss an die Runde die folgende Mail:

07.06.2008

Dr. Jürgen Sänger, Diplomchemiker

Sehr geehrte Damen und Herren,

in der vorausgegangenen Antisemitismus-Diskussion wurden gegensätzliche Ansichten geäußert.

Die einzelnen Behauptungen auf ihren Wahrheitsgehalt zu überprüfen übersteigt die Möglichkeiten des Einzelnen, weil wir in einer Welt der Lüge leben. Jeder ist bei der Bewältigung seiner Lebensprobleme auf Wahrheit angewiesen. Aber was ist Wahrheit? Über der Freiburger Universität steht: "Die Wahrheit wird euch frei machen". Nur wenige wissen, dass diesen Satz Jesus von Nazareth gesagt hat. Jesus hat von sich selbst gesagt: "Ich bin der Weg, die Wahrheit und das Leben, niemand kommt zum Vater, denn durch mich." Er hat aber auch gesagt: "Wer aus der Wahrheit ist, der hört meine Stimme." Es ist also möglich, die Wahrheit zu finden. Voraussetzung ist Aufrichtigkeit. Nächste Voraussetzung ist der Wille zur Wahrheit. Dritte Voraussetzung ist, die Bibel zu lesen. Jesus hat gesagt, daß die Bibel ihn bezeugt. Es ist also möglich, die Wahrheit herauszufinden. Getrennt von Jesus findet man die Wahrheit nicht. Ich habe keinen Einfluss darauf, ob Sie akzeptieren, was ich Ihnen schreibe.

Sie werden jedoch niemals behaupten können, es hätte Sie niemand auf den Weg hingewiesen, der zu Gott führt.

Mit freundlichen Grüßen

Jürgen Sänger

Dr. Jürgen Sänger hat ein religiöses Statement abgegeben, sich aber davor gedrückt, einen klaren Standpunkt zu den nationalsozialistischen Weltbildern zu äußern, mit denen er in der Korrespondenz attackiert wurde. Nicht jede Weltweisheit ist der Bibel zu entnehmen, schon gar nicht Lösungen weltlicher Probleme. Die „Gnade der späten Geburt" hat den ehemaligen Hitlerjungen Jürgen Sänger nicht vor einem falschen Verständnis für deutsche Angehörige seiner Generation, die noch heute in der nationalsozialistischen Vergangenheit leben, bewahren können, ganz im Gegenteil.

Als einzige reagierte Dagmar Bartel auf das Abschlussschreiben:

07.06.2008

Dagmar Bartel

Sehr geehrter Herr Sänger,

Also dann alles Gute. Es war interessant mit Ihnen zu diskutieren. Aber hat es etwas gebracht?

Mit freundlichen Grüßen

Dagmar Bartel

Darauf antwortete Dr. Jürgen Sänger, wiederum höflich, ohne Dagmar Bartel ihr vom Nationalsozialismus geprägtes Weltbild vorzuhalten:

Dr. Jürgen Sänger, Diplomchemiker

Sehr geehrte Frau Bartel,

die Diskussion hat mir viel gebracht. Zum einen eine Menge an Verleumdungen und unsubstantiierter Schmähkritik, zum anderen einige Erkenntnisse:

Ich meine, dass es nur relativ wenig Nazis gibt, die sich teilweise im Ausland befinden und keine Gefahr für unseren freiheitlichen Rechtsstaat bilden.

Ferner ist mein Eindruck, daß die Nazis in einer verklärten Vergangenheit leben. Beiträge zur Lösung von Gegenwartsproblemen kann man von Nazis nicht erwarten.

Die Nazis haben ein betoniertes Weltbild. Beiträge zur Aufhellung der geschichtlichen Vergangenheit kann man von Nazis nicht erwarten.

Für mich persönlich ist es wichtig, dass ich von den Nazis als Judenfreund deklariert werde. Manche halten mich sogar für einen Juden. Ich kann mir also auch judenkritische Äußerungen erlauben.

Mit freundlichen Grüßen

Jürgen Sänger

Nun wandte ich mich an Dr. Jürgen Sänger mit einer Anregung:

Gabriel Berger

Sehr geehrter Herr Dr. Sänger,

was halten Sie davon, wenn ich versuchen würde diese Antisemitismus-Diskussion zu veröffentlichen und damit an die deutsche und natürlich auch jüdische Öffentlichkeit zu gehen? Allerdings wären da einige Informationen über den von Ihnen angemailten Kreis vonnöten:

- *Wie zustande gekommen*

- *Altersgruppe*

- *Soziales Milieu*

- *Bildung*

usw.

Natürlich würden die Namen der Empfänger/Versender von Mails, bis vielleicht auf Sie und mich, nicht publiziert werden, um einen juristischen Konflikt aus dem Weg zu gehen.

Man könnte es ja versuchen. Was halten Sie davon?

Mit freundlichen Grüßen

Gabriel Berger

Dr. Sänger war grundsätzlich für meine Anregung offen, sah aber einige schwerwiegende Hürden.

08.06.2008

Dr. Jürgen Sänger, Diplomchemiker

Sehr geehrter Herr Berger,

haben Sie vielen Dank für Ihre Anregung. Wenn mir dies möglich ist, würde ich den Gedanken gerne aufgreifen. Allerdings ist die Arbeit nicht einfach, weil die Gedanken der Antisemiten sehr verworren sind. Auch sind die Ansichten der Antisemiten verschieden. Es gehen sehr verschiedene Problemfelder durcheinander. Auch kenne ich niemanden dieses Kontaktkreises persönlich.

Für vordringlich halte ich eine Broschüre über die Existenzberechtigung des Staates Israel. Die Antisemiten behaupten, die Juden hätten den Arabern das Land weggenommen. Diese Vorstellung ist in Deutschland sehr stark verbreitet, auch unter den Theologen der Evangelischen Kirche.

Persönlich sehe ich in der Gründung des Staates Israel die Erfüllung biblischer prophetischer Verheißungen.

Mit freundlichen Grüßen

Jürgen Sänger

Dr. Sängers Liebe zu Israel in Ehren. Biblische Verheißungen sind aber kaum geeignet, einer Region den Frieden zu bringen, in der die Thora mit dem Koran konkurriert.

Nachwort

Ich schob Dr. Sängers Bedenken beiseite und entschloss mich, die Diskussion mit veränderten Namen der Teilnehmer und einigen Kürzungen selbst zu veröffentlichen. Vielleicht findet sie, trotz der unverdaulichen Argumente der unverbesserlichen Nazis, interessierte Leser. Denn eines kann man den Argumenten, bzw. Pseudoargumenten der hier zu Wort gekommenen Anhänger des Nationalsozialismus entnehmen, nämlich die Gesamtbreite der Argumentation heutiger Nazis, aber auch vieler, es vermeintlich gut meinender Israel-Kritiker: von der Soft-Variante, der Unterstützung „berechtigter Anliegen der Palästinenser" und der damit verbundenen Infragestellung oder Leugnung des Existenzrechts Israels, bis zur Hardcore-Variante, der Beschuldigung der Juden, als einer verschworenen Gemeinschaft für alle Übel dieser Welt verantwortlich zu sein und der daraus folgenden Leugnung des Lebensrechts der Juden, nicht nur in Israel. In den Argumenten der Nazis ist deutlich zu erkennen, wie leicht sich aus vermeintlich berechtigter Kritik an Israel gegen alle Juden gerichtete Vernichtungsfantasien ableiten lassen. Die Leugnung der Massenvernichtung von Juden in Auschwitz und in anderen NS-Vernichtungslagern ist meist mit der Hoffnung verbunden, dass es in absehbarer Zeit zu ihr kommen möge.

Die vorliegende Diskussion wurde, nachdem die Freunde Israels frustriert aufgegeben hatten, zuletzt von eingefleischten Antisemiten und Anhängern des Nationalsozialismus dominiert. Doch die Zeiten sind vorbei, in denen man sich stolz den Titel „Antisemit" auf die Brust heften konnte und dabei als braver, rechtskonformer Bürger galt. Außer in islamistischen Kreisen, zu denen der Antisemitismus geradezu die Eintrittskarte ist, entlädt sich heute die Judenfeindschaft in so offener Form nur noch im privaten Bereich, im alkoholisierten Zustand oder anonym, im Schutz des Internets.

Die Obsession, mit der hier „den Juden" alle Übel der Welt angelastet wurden, ist in extremer oder abgemilderter Form typisch für jede antisemitische Haltung, egal ob sie einer rechten, linken, christlichen oder islamischen Denkweise entstammt. Sie wird von emotionaler Ablehnung der Juden getragen, ohne die vom Antisemitismus eigentlich nicht die Rede sein kann. Niemand ist verpflichtet, die Juden zu lieben, ebenso nicht die Türken, Russen, Franzosen, Polen, Katholiken, Protestanten, Buddhisten oder Muslime. Und Misstrauen im Kontakt mit Fremden, mit einer unbekannten Kultur oder fremdartigen religiösen Riten, ist im gewissen Grade normal, ein archaischer, aber oft lebensrettender Reflex. Krankhaft ist aber die obsessive Ablehnung einer ganzen Gruppe von Menschen, die unter uns leben, durch ihren Fleiß und kulturellen Beitrag die Gesellschaft bereichern, mehrheitlich unsere Gesetze einhalten und unsere Sitten achten, sich aber durch ein banales Merkmal von der Mehrheit unterscheiden, sei es die Hautfarbe, Sprache, Nationalität oder Religion. Und als geradezu obszön muss der in manchen Gesellschaften, so etwa der polnischen oder litauischen, gegenwärtig als Massenerscheinung anzutreffende Antisemitismus ohne Juden betrachtet werden. Man fällt Urteile über eine Menschengruppe, die man nur vom Hörensagen kennt, deren Vertretern man in der Regel noch nie begegnet ist.

Die klassischen Pseudoargumente eingefleischter Antisemiten und völkischer Nationalisten haben im Rahmen dieser Diskussion ein bekanntes Phänomen bestätigt: Fanatikern ist mit Argumenten nicht beizukommen. Ihren Gedankengängen krass widersprechende Tatsachen können sie nicht von ihren kruden Vorurteilen und absurden, finsteren Weltbildern und Verschwörungstheorien abbringen, auch wenn deren Widerlegungen evident und empirisch belegbar sind. Damit ist aber eine Grenze der Aufklärung durch Wissensvermittlung aufgezeigt. Vorurteile lassen sich nur dann durch Wissen zurückdrängen, wenn sie noch nicht zum Element eines gefestigten, starren Weltbildes geworden sind, das neben dem Verstand auch die Gefühlswelt beherrscht, wie der ausgrenzende Nationalismus oder der religiöse Fanatismus. Denn Emotionen folgen nicht logischen Argumenten. Sie prägen aber zum wesentlichen Teil die Persönlichkeit und bilden im Unterbewusstsein einen Filter, der Informationen zum Bewusstsein hindurch lässt oder sie zurückhält und der sie bewertet und wichtet.

Ein humanes, offenes Weltbild, das weitgehend frei ist von Vorurteilen gegenüber Menschen, die im Verhalten und im Äußeren vom Stereotyp der eigenen, engen Umgebung abweichen, lässt sich wohl in der Kindheit und Jugend vermitteln, in einer Lebensphase, in der moralische Kriterien für Gut und Böse erlernt und Teil des emotionalen Rüstzeugs werden. Ob es Erwachsenen, in ihrem Weltbild und in ihrer emotionalen Struktur bereits gefestigten Menschen, im Nachhinein beigebracht werden kann, ist ungewiss. Wohl können sie sich dem Druck der Umgebung und angedrohten Sanktionen beugen und damit nach außen den Anschein erwecken, ein humanes Weltbild zu vertreten. Ihr wahres Weltbild, ihre ungeheuchelte Haltung zu Mitmenschen offenbaren sie aber nur in vertrauter Umgebung, im Alkoholrausch oder in der Anonymität, wie sie zum Beispiel das Internet bietet. Doch obwohl die Wahrscheinlichkeit, Menschen von ihren intoleranten Weltbildern abzubringen nicht sehr hoch ist, sollte man es immer wieder versuchen. Und eine durch glaubwürdige Androhung von Sanktionen erzwungene, aber nicht verinnerlichte Toleranz ist auf jeden Fall besser als keine.

Mit diesen Gedanken im Hinterkopf wandte ich mich 2010 an den Leiter eines Jugendklubs im Berliner Stadtteil Friedrichshain, der dem Anspruch des Klubs gemäß von links orientierten Jugendlichen frequentiert wurde

und der Antifa[78] nahe stand. Ich machte den selbsternannten „Antifaschisten" den Vorschlag, den vorlie-
genden Internet-Disput über den Antisemitismus, die
Juden und Israel in ein Theaterstück umzuarbeiten und
in dem Jugendklub aufzuführen. Der Leiter des Klubs las
den Text und war zunächst Feuer und Flamme. Der aggressive Ton der Antisemiten provoziere, so meinte er,
die offene Auseinandersetzung. Ich diskutierte das Projekt mit interessierten Klub-Mitgliedern, nahm für das
Bühnenstück Kürzungen und eine Textauswahl vor. Es
wurden Rollen verteilt. Ich sollte meinen eigenen Part
lesen. Ein Bühnenbild wurde entworfen, der Termin der
ersten Aufführung vereinbart. Doch ganz unerwartet,
nach etwa zweimonatiger Vorarbeit, entschied sich der
Klubleiter, das Projekt nicht fortzuführen. Die Aufführ-
rung wurde abgesagt. Ob er allein zu diesem Entschluss
gekommen war oder nach Rücksprache mit einer höhe-
ren Instanz, erfuhr ich nicht. Meine Frage, warum er so
plötzlich zu diesem Entschluss komme, beantwortete er
wie folgt: Der Text sei, was die Aussagen der Nazis betrifft, sehr heikel und man könne nicht voraussehen, wie
die jugendlichen Zuschauer auf ihn reagieren würden. Es
könne sein, dass sie sich, entgegen unserer Intention,
mit den antiisraelischen und antisemitischen Aussagen
identifizieren würden, die doch zum Teil in sehr überzeugender Form präsentiert würden.

Ein so offenes Misstrauen gegenüber deutschen Jugendlichen, denn andere waren in dem Ostberliner Stadtteil
Friedrichshain damals kaum anzutreffen, hatte ich noch

---

78 Als Antifa (Antifaschistische Aktion) werden seit etwa 1980
   militante linksradikale und autonome Gruppen und Organisationen bezeichnet, die gemäß ihrer Selbstwahrneh-
   mung Neonazismus, Antisemitismus, Rassismus, völkischen Nationalismus und rechtsgerichteten Geschichts-
   revisionismus bekämpfen.

nie gehört. Es war die dritte Generation nach dem Holocaust, und es waren junge Menschen, die sich als Antifaschisten definierten, denen hier zugetraut wurde, mit den Ideen von „arischen Herrenmenschen" und „jüdischen Untermenschen" zu sympathisieren. Ob dieses Misstrauen gerechtfertigt war, kann ich nicht beantworten. Jahr für Jahr kommen aber einschlägige Studien zu dem Schluss, dass der Antisemitismus in der deutschen Gesellschaft nach wie vor sehr verbreitet sei, auch in der jungen Generation.

Zu dem tradierten Antisemitismus der angestammten Bevölkerung kommt in jüngster Zeit der Antisemitismus der in ihren Heimatländern indoktrinierten muslimischen, meist jugendlichen Einwanderer und Flüchtlinge hinzu, wobei man sich lange darüber streiten kann, ob seine Wurzeln im Palästina-Israel-Konflikt, im Koran oder in der aus Europa importierten Ideologie zu finden sind. Man liegt sicher nicht falsch, wenn man alle drei Quellen für relevant hält.

Nachdem es eine Zeitlang schien, als sei das Problem des Antisemitismus im Abklingen begriffen, erlebte es in den letzten Jahren in Deutschland, aber auch anderswo in Westeuropa, eine ungeahnte Steigerung. Jüdische religiöse, kulturelle oder Bildungseinrichtungen können nicht auf den permanenten Polizeischutz verzichten. „Du Jude" wurde in Deutschland zu dem am häufigsten auf Schulhöfen verwendeten Schimpfwort. In Schulklassen, die von muslimischen Kindern dominiert werden, ist es gefährlich, sich als Jude zu outen. In deutschen Städten ist es lebensgefährlich, eine Kippa zu tragen, und das Hissen der israelischen Fahne wird von zahlreichen Deutschen, besonders aber von Zuwanderern aus islamischen Ländern als eine offene Provokation empfunden, auf die man aggressiv, nicht selten mit der Verbrennung der Fahne, reagiert. Zudem ist der alte Mythos von reichen und die Welt beherrschenden Juden, jeder

Aufklärung zum Trotz, in allen Milieus der deutschen Gesellschaft nach wie vor präsent. Das sind die Gründe, die mich veranlasst haben, diesen heiklen Text zu veröffentlichen. Er scheint nicht repräsentativ zu sein, weil zu stark auf die nationalsozialistische Denkweise orientiert. Doch der aus dem Disput zu ziehende Schluss erscheint mir eindeutig: Die Antisemiten aus unterschiedlichen politischen Lagern unterscheiden sich lediglich durch ihr Kostüm. Jeder Antisemitismus, sei er rechten, linken, islamischen Ursprungs oder gar politisch indifferent ist seiner Struktur und seinem Wesen nach mit dem nationalsozialistischen gleich. *„Der Schoß ist fruchtbar noch aus dem dies kroch"*[79], hat einmal Brecht gesagt.

---

79 Schussworte des Epilogs zum Stück "Der aufhaltsame Aufstieg des Arturo Ui" von Bertold Brecht.

Anhang

Dr. Jürgen Sänger bezog sich, insbesondere in der Auseinandersetzung mit dem norwegischen NS-Anhänger Randulf Olafson, auf einen Text, der vollständig im Internet verfügbar ist:

Antisemitismus der NSDAP[80]

Inhalt

1. Antisemitismus

2. Islamischer Antisemitismus.

3. Der Antisemitismus von Hitler

4. Ursprüngliche Einstellung Hitlers zum Judentum

5. Hitlers Wandlung zum Antisemiten

6. Hitlers Beurteilung des jüdischen Charakters

7. Hitlers Auffassung von Religion und Rasse

8. Die Gefahr der Juden für die Menschheit

9. Die Dämonisierung der Juden

10. Judentum und Marxismus-Leninismus

11. Hitlers Einstellung zur Sowjet-Union

12. Totale Vernichtung des Judentums als Konsequenz

13. Julius Streicher

14. Judenvernichtung

15. Einstellung Hitlers zum Islam

16. Quellen

---

80 Aus Gründen des Urheberrechts hier nicht abgedruckt.

Gabriel Berger

entstammt einer polnisch-jüdischen Familie. Er wurde 1944 in Südfrankreich im Exil seiner Eltern geboren. Seine Kindheit verbrachte er in Polen. Seit 1957 lebte er mit den Eltern in der DDR. Nach dem Physikstudium arbeitete er im kernphysikalischen Bereich. Unter dem Eindruck des 1968 in der Tschechoslowakei eingeleiteten demokratischen Reformkurses, sowie dessen Zerschlagung durch die Truppen der Ostblock-Staaten nahm er eine oppositionelle Haltung zum diktatorischen „realen Sozialismus" in der DDR ein. Nach einjähriger politischer Haftstrafe wegen „Staatsverleumdung" konnte er 1977 in die Bundesrepublik Deutschland ausreisen. Dort war er zunächst im kerntechnischen, dann im IT-Bereich tätig und studierte Philosophie. Nebenbei veröffentlichte er Beiträge in Zeitungen und Zeitschriften.

Er ist Autor mehrerer Bücher, vorwiegend mit jüdischer Thematik und über das Leben in der ehemaligen DDR.

www.gabriel-berger.de

Gabriel Berger

Der Kutscher und Gestapo-Mann

Berichte jüdischer Augenzeugen der NS-Herrschaft im besetzten Polen in der Region Tarnów

Lichtig Verlag, Berlin 2018, www.lichtig-verlag.de

Die in diesem Buch veröffentlichten Berichte einiger Erwachsener und Kinder, jüdischer Überlebender des Nazi-Besatzungsterrors in Polen, wurden unmittelbar nach Kriegsende aufgezeichnet, als die Erinnerungen an den Horror der Verfolgung und der ständigen Angst um das eigene Leben und das der Nächsten noch frisch waren. Sie sind eine Auswahl aus Tausenden polnischsprachigen Gedächtnisprotokollen aus dem Bestand des Archivs des Jüdischen Historischen Instituts Warschau. Das Verbindende der vom Autor dieses Buches Gabriel Berger ins Deutsche übersetzten Augenzeugenberichte ist, dass sie von Personen stammen, die in der polnischen Stadt Tarnów oder ihrer näherer Umgebung gelebt, dort die Gewalt und den Terror der deutschen Besatzung erlitten hatten und nur durch ungewöhnlichen Mut und glückliche Umstände das über alle Juden verhängte Todesurteil der Nationalsozialisten überleben konnten. Die Grausamkeit und Brutalität der minutiös beschriebenen Gewaltakte übersteigt zuweilen den Rahmen des für Menschen Erträglichen und zeugt von einer vom deutschen Besatzungsregime geförderten sadistischen Lust der SS-und Gestapo-Besatzer und ihrer Helfer am Morden ganz besonders von jüdischen Kindern.

Gabriel Berger

Umgeben von Hass und Mitgefühl

Jüdische Autonomie in Polen nach der Schoah 1945-1949 und die Hintergründe ihres Scheiterns

Lichtig Verlag, Berlin 2016, www.lichtig-verlag.de

In der 1945 von den Deutschen weitgehend verlassenen Region Niederschlesien entstand für kurze Zeit eine „jüdische Republik", mit eigener Verwaltung, eigenen politischen, wirt schaftlichen, kulturellen und sozialen Strukturen und Jiddisch als Verkehrssprache. Das Projekt einer weitgehenden Autonomie von Juden in Niederschlesien wurde von der neuen kommunistischen Staatsmacht Polens zunächst unterstützt. Es scheiterte jedoch an der feindseligen Haltung der polnischen Bevölkerung, der kommunistischen Gleichschaltung der Gesellschaft, dem ausgrenzenden polnischen Nationalismus sowie an der durch Stalin initiierten antisemitischen Welle im gesamten Ostblock.

Die Geschehnisse in Polen nach dem Krieg sind nur vor dem Hintergrund der antisemitischen Stimmung in Vorkriegspolen und der Kollaboration zahlreicher Polen mit den Nazi-Besatzern zu verstehen.

Gabriel Berger

Josef und seine Kinder

Odyssee einer jüdischen Familie

Trafo Verlag, Berlin 2011

Von Abenteuerlust, Streben nach Reichtum und vom Schicksal getrieben zog einst mein Großvater Josef Berger mit seiner Frau Cywia und deren Kinderschar aus dem heimatlichen Polen rastlos von Land zu Land: 1908 nach Palästina, dann nach Belgien, Holland, England, Deutschland, Frankreich, Israel. Was er in der Ferne suchte war Wohlstand und Glück für seine kinderreiche Familie, doch es ereilte ihn eine Katastrophe nach der anderen. Nur kurze Verschnaufpausen, wenige Jahre der Ruhe und des bescheidenen wirtschaftlichen Erfolgs, blieben ihm jeweils zwischen mörderischen Kriegen und Judenpogromen. Seine letzten Lebensjahre verbrachte er schließlich in Israel, doch auch dort ohne Glück, von Ungläubigen verlacht, verarmt. Aber einen Erfolg konnte er an seinem Lebensabend verbuchen: Neben ihm konnten sich alle elf in der Nazizeit noch lebenden Kinder der tödlichen Bedrohung entziehen. Sie waren keine spektakulären Helden, aber auch keine willenlosen Opfer.

Ich reiste Ende der achtziger Jahre durch die Welt, um die dramatischen Erinnerungen der noch lebenden fünf von ehemals zwölf Geschwistern festzuhalten. So entstand eine Familiensaga, die die Leser auf sehr persönliche Weise durch die von Katastrophen geprägte Geschichte Europas im 20. Jahrhundert führt.